합법적으로 세금을 아끼는

절세의기술

합법적으로 세금을 아끼는

절세의 기술

팬덤북스

부동산 시장은 큰 변화를 겪으면서 '하우스푸어', '영끌', '세금
폭탄' 등 갖가지 용어들이 입에 오르내렸습니다. 수년간 폭등한
집값과 그에 대한 정부 대책으로 인해 세법 역시 갈수록 복잡해
지고 일반인이 이해하기 어려운 수준이 됐습니다. 지난 정권에서
수차례 바뀐 법은 새 정부가 출범한 후에 또 변화하고 있습니다.

　세금을 한 푼이라도 아끼기 위해 관련 정보를 찾는 이들도 많
아지고 있습니다. 이런 요구에 부응하기 위해, 이 책은 택스코디
가 절세에 관한 대부분 지식을 처음부터 끝까지 쉽게 알려주는
책입니다. 상세한 사례와 함께 기존의 정책 해설과 그에 따른 절
세법은 물론 새로운 정부에서 개정된 혹은 개정될 세법까지 모두
아우르고 있습니다. 세금 관련 인기 블로그 '택스코디의 아는 만
큼 돈 버는 세금 이야기'를 운영하고, 게시글 중 제일 조회수가 높
은 글들 위주로 책의 지면에 실었습니다.

세법이 복잡하면 할수록 투자의 성과를 좌우할 부동산 절세법 공부는 더욱 중요해졌습니다. 특히 부동산 투자를 꾸준히 해오던 다주택자가 아닌, 1주택자나 이사 등으로 일시적 2주택자가 된 경우에도 잘못하여 세금폭탄을 맞게 된 사례가 눈에 띄게 늘고 있습니다. 그래서 이제 부동산 절세 지식은 '투자의 영역'이 아니라 내 재산을 지키는 '자산관리'의 관점에서 필수적으로 익혀야 할 지식입니다.

Chapter 1에서는 알면 알수록 돈 버는 세금 원리에 대한 지식을 담았습니다. 절세가 무엇이며 어떤 의미를 갖고 있는지, 진정한 자산 수익을 위해 세금을 합법적으로 덜 내는 이야기, 세금을 전체적으로 줄일 수 있는 방법은 무엇인지 등에 대한 정보와 세금에 대한 다양한 개념을 정리했습니다,

Chapter 2에서 Chapter 4까지에는 부동산 관련 세금과 절세 비법을 담았습니다. 집을 사기 전에 고민해야 할 세금과 보유 주택 수에 따른 세금의 특징, 취득세와 중과세를 완화하는 방법, 부동산 세금을 매기는 방법, 재산세의 기준, 임대수익을 올리면서 절세하는 방법, 종합과세와 분리과세의 차이, 주택임대업에서 필요경비를 절감하는 비법 등을 정리했습니다.

Chapter 5에는 양도소득세에 대한 다양한 정보를 담았습니다. 1세대 1주택자의 양도소득세, 일시적 2주택자의 양도소득세 줄이

는 방법, 분양권과 비과세의 관계, 당첨 아파트와 세금폭탄의 연관성 등을 정리했습니다.

Chapter 6과 Chapter 7에서는 합법적으로 증여세와 상속세를 덜 내는 방법을 담았습니다.

다주택자의 증여 절세법이 무엇인지, 주식 증여와 세금의 관계, 자식보다 손자에게 증여해야 하는 이유, 증여 재산을 평가하는 기준, 재산 규모에 따른 상속세의 계산법, 사망보험금과 상속세의 연관성 등을 정리했습니다.

Chapter 8에서 Chapter 10까지는 개인 및 소규모 법인 사업자들에게 필요한 부가가치세와 종합소득세, 법인전환에 대한 정보를 담았습니다. 부가가치세를 안 내는 사업자, 부가가치세를 줄이는 방법, 매출이 없어도 신고해야 하는 이유, 종합소득세의 의미와 절세 방법, 개인사업자와 법인사업자의 장단점 등을 정리했습니다.

Chapter 11에는 월급쟁이 직장인의 연말정산에 대한 정보를 담았습니다.

생활 속에서도 각종 세금과 마주합니다. 세금 문제는 나와 상관없다고 생각하는 월급 생활자들도 사실 세금과 아주 밀접한 생활을 하고 있습니다. 아침 출근길에 산 아메리카노 한잔, 베이글 빵 하나에도 이미 세금이 포함되어 있습니다. 매달 받는 월급에도 물론 세금이 있죠. 집을 사고팔거나 재테크를 잘해 목돈을 손에 쥐었을 때만 세금 문제와 맞닥뜨리는 것이 아닙니다. 돈이 오가는 모든 과정에는 세금이 뒤따릅니다.

대한민국 국민이라면 누구나 법이 정한 대로 세금을 내야 할 의무를 지닙니다. 세법은 기본적으로 소득이 많은 사람에게는 많은 세금을 부과하고, 소득이 적은 사람에게는 그만큼 적은 세금을 부과합니다. 하지만 비슷한 규모의 재산을 상속받거나 같은 시세의 아파트를 소유하고 있음에도 누구는 세금을 더 내고 누구는 덜 내는 일이 생깁니다. 같은 회사에 다니는 같은 직급의 동료라 할지라도 누가 더 꼼꼼하게 연말정산을 챙기느냐에 따라 환급받는 세금이 크게 차이 나기도 합니다. 연봉이 비슷하다고 해서 세금 부담까지 비슷한 것은 아닙니다. 세금 공부가 귀찮다고, 혹은 어렵다고 미뤄 둘 수 없는 이유이기도 합니다.

어떤 경제 활동도 세금을 빼놓고 얘기할 수 없습니다. 세금이 계산되는 구조를 이해하면 빠져나가는 돈을 막을 수 있는 해법이 생깁니다. 이 책은 바로 그 세금의 메커니즘에 관해 이야기하며, 지금 우리에게 꼭 필요한 세금 문제를 사례를 통해 아주 쉽게 설명합니다. 자, 이제 당신이 절세의 주인이 될 차례입니다.

CHAPTER 01

알면 알수록
돈 버는 세금 원리

뭘 알아야 절세를 하죠?

세금이란?

- 국가나 지방자치단체가 거두는 돈
- 국가 재정상 필요한 경비를 충당하기 위해 거두는 돈
- 강제로 거두는 돈

금전이나 재물 등 재산적 가치가 있는 것은 무엇이든 거두어 가고, 세금을 내지 않으면 미래에 발생할 소득이나 재산까지 압류 대상이 됩니다.

"뭘 알아야 절세를 하죠?"

이 문장은 두 가지로 해석됩니다.

첫 번째 해석은 '아무것도 모르는데 무슨 절세를 어떻게 하라는 거지?'라는 푸념의 의미로, 절세를 포기하는 것으로 해석될 수 있습니다.

두 번째 해석은 '무엇부터 알아야 절세를 시작할 수 있을까요?'라는 의미로, 절세 도전을 향한 긍정적이고 적극적인 의미로 해석되는 것입니다.

절세란 포기했을 때는 절대 얻을 수 없으며, 두 번째 의미처럼 세금을 이해하려고 공부하며, 또 노력할 때 반드시 그 보상이 또 하나의 소득으로 돌아오는 것입니다.

"부동산은 가치가 상승하기 전에 사면서, 절세는 왜 가격이 상승한 후에 하는가요?"

부동산 투자자가 투자를 잘해서 수익을 발생시켜 소득을 증가하는 것이나, 부동산 절세를 잘해서 비용을 절감시켜 소득을 증가시키는 것이나 순서는 다르지만, 결과는 같은 것입니다. 부동산 투자를 통해 손에 남는 돈을 극대화하기 위해서는 절세에 대한 중요성을 먼저 인식하고, 부동산 투자를 해야 합니다.

부동산 투자자들은 부동산을 취득할 때 가치하락을 예상하고 취득하지는 않습니다. 그러므로 부동산은 그 가치가 상승한다는 전제 하에서 취득하는 것이며, 가치상승 시 발생할 세금에 대한 절세방안까지 마련 후 취득을 해야 합니다.

부동산 투자자들은 가치가 상승할 부동산을 찾기 위해 대단히 노력하죠. 하지만 가치만 상승한다고 해서 손에 남는 소득이 크게 발생할까요? 가치가 상승한 부동산을 팔 때 세금이 많이 발생한다면, 세금 납부 후 수익은 크지 않을 것이며, 그 결과 부동산 투자를 잘했다고 말할 수 없을 것입니다.

따라서 가치상승 부동산을 찾는 노력만큼이나 절세를 위한 노력도 중요합니다. 부동산 투자와 관련된 세금은 그 종류도 다양하지만, 그 세금의 종류별로 세금의 크기가 점점 더 증가하고 있습니다. 따라서 세금에 대한 검토 없이는 부동산 투자 결과로 발생하는 소득도 보장받을 수 없습니다. 부동산을 취득할 때에도 보유하고 처분이나 이전까지 발생할 세금을 미리 계산한 후 절세 방법을 마련한 뒤 취득을 해야 합니다.

세테크를 이해하자

2040세대를 중심으로 재테크 열풍이 불고 있지만, 세테크_{세금}+재테크 관련 지식은 많이 부족합니다. 실질적인 혜택을 누리기 위해서는 '떼인 세금'을 돌려받는 환급부터 챙겨야 하지만 세금 신고조차 하지 않거나, 환급금 발생 사실조차 모르는 경우도 많은 게 사실입니다. 특히 사회생활을 시작한 지 얼마 안 된 20대 사회초년생들은 세금에 대한 인식이 거의 없습니다.

세테크가 주목받고 있는 요즘 세부적인 절세 방법은 몰라도 실질적인 혜택을 누리기 위해서는 '떼인 세금'을 돌려받는 환급부터 챙겨야 합니다. 그런데 문제는 세금 신고조차 하지 않아 환급금 발생 사실조차 모르는 경우가 많습니다.

특히, 최근 아르바이트나 프리랜서로 투잡을 하는 직장인뿐 아니라 유튜버 등 1인 미디어 플랫폼을 활용해 고수익을 창출하는 크리에이터들이 급증하는 만큼 대다수의 종합소득세 신고 대상자들이 자칫 세무 '사각지대'에 방치되어 있습니다. 이들은 종합소득세 신고를 통해 세금 납부 및 공제 혜택들을 꼭 짚어봐야 합니다.

종합소득세는 한 해 동안 경제활동으로 얻은 소득을 계산해서 신고하는 세금으로, 프리랜서라 할 수 있는 직종은 본인의 실적에 따라 수당을 받는 형식입니다. 예컨대 사업소득 외에 배당이나 임대, 이자, 연금 등이 포함돼 있으며 금융소득이 연간 2,000만 원 이상, 사적연금이 1,200만 원, 기타소득 금액이 300만 원을 초과하면 종합소득세를 신고해야 합니다. 신고대상은 개인사업자나 자영업자, 프리랜서 등 개인에 해당합니다.

소득 유형에 따라 종합소득세 신고 대상이 되면 반드시 소득세 신고를 해야 합니다. 사업으로 벌어들인 소득은 물론 기타 근로소득이나 배당소득, 임대소득, 이자소득, 연금소득 등이 모두 포함됩니다. 종합소득세 신고를 제때 하지 않으면 가산세 폭탄을 맞을 수 있습니다.

부동산을 매도할 때는 6월 1일 이전에, 매수할 때는 6월 1일 이후에 거래하면 해당 연도의 재산세를 내지 않아도 됩니다. 종합부동산세는 개인이 소유하고 있는 주택을 합쳐 1주택자일 경우 12억 원 종전 11억 원, 다주택자일 경우 9억 원 종전 6억 원 초과 금액을 대상으로 부과합니다. 토지의 경우 종합합산 토지는 공시가격 5억 원, 별도합산 토지는 80억 원을 초과하는 금액에 대해 종부세가 매겨집니다. 여기서 별도합산 토지란 상가사무실, 부속토지,

일반 영업용·사업용 건축물 등으로 사용되는 토지를 의미하며 농지 목장용지 산업용지, 별장 골프장 등은 분리과세토지입니다. 이 외 모든 토지는 종합합산 토지로 분류됩니다.

종합부동산세는 세대별 과세가 아니라 '인별 과세'를 취하기 때문에 단독명의로 주택을 구입할 때 20억 원대에서는 1%의 종부세 세율이 적용되지만, 공동명의라면 과세표준이 절반으로 줄어들고 세율도 0.75%만 적용됩니다. 만약 임대사업을 하던 부동산이 값이 크게 올라 양도차익을 위해 부동산을 처분할 때도 공동명의로 돼 있다면 양도소득세를 절약할 수 있습니다. 또 공동명의로 하면 임대소득 분산효과로 세금을 줄일 수 있습니다.

이 외에도 종합부동산세 절세에 있어 '주택임대사업 등록'도 중요한 수단이 됩니다. 관할 시군구청에서 주택임대사업을 등록하면 주택의 면적이나 임대 기간에 따라 종부세를 포함한 재산세와 양도세 등을 감면받을 수 있습니다.

부동산을 증여할 때도 많은 사람에게 분산해서 증여하는 게 유리합니다. 1억 원 이하는 10%, 5억 원 이하는 20%, 10억 원 이하는 30%, 30억 원 이하는 40%, 30억 원을 초과하면 50%의 증여세가 부과됩니다. 과세구간을 고려해 분산 증여하는 게 더 현명합니다.

보유세는 지방세인 재산세와 국세인 종합부동산세를 통칭해 부르는 말이다. 보유세의 하나인 재산세도 종합부동산세와 마찬가지로 '6월 1일'을 기억해야 합니다. 현행 세법은 6월 1일 기준으로 사실상 부동산을 소유하고 있는 사람에게 재산세를 부과하기 때문입니다.

 세알못 그럼, 현재 매매계약만 체결한 상태(중도금·잔금이 남은 상태)라면 매수·매도자 중 누가 세금을 내야 할까요?

 택스코디 잔금일 또는 등기접수일 중 빠른 날을 기준으로, 잔금일 또는 등기접수일이 6월 1일 이전이라면 매수자가, 이후엔 매도자가 부담합니다. 만약 소유권 변동 후 소유권 이전 등기가 되지 않은 경우라면 등기부등본상에 '소유자로 등재된 사람'이 내야 합니다. 또 상속이 개시됐지만, 상속 등기를 하지 않은 경우라면 '상속 지분이 가장 많은 상속자'가 부담 의무가 있습니다.

5~6월쯤에 부동산을 매매할 경우라면 계약서에 따로 세금을 어떻게 나눠서 낸다는 조항을 특약으로 넣어 사전조율을 하는 게 현명합니다.

탈세는 세테크가 아니다

세금은 사후적으로 계산됩니다. 실제 수익의 발생 여부가 확인된 뒤에 매겨집니다. 모든 부동산 거래가 완료된 후에 계산됩니다. 그리고 세금은 융통성이 거의 없습니다. 이런 세금이 가진 특성으로 세테크를 통해 결과가 생기기 전, 예상되는 세금을 미리 계산해 보고, 투자 여부를 판단해야 합니다.

'일단 저질러 놓고 나중에 수습하자'라는 생각은 매우 잘못된 것입니다. 나중에 수습하겠다는 생각을 하는 대다수는 안 내고 버티기를 선택하곤 합니다. 그러나 과거와 달리 안 내고 버틴다는 건 있을 수 없는 상황이 되었습니다.

세금은 내는 방식도 다양하고, 예외 조항도 많습니다. 세테크는 바로 이 다양한 납세방식과 예외조항을 잘 조합하는 것입니다. 투자계획을 세우고 예상되는 수익률을 결정하기 위해서는 세금 계산은 필수입니다. 그래야 원하는 수익을 낼 수가 있습니다.

간혹 세테크와 탈세를 혼동하는 경향도 있습니다. 수입금액을 누락한다든지, 가공경비를 부풀려서 신고한다든지, 업계약서나 다운계약서로 거짓 신고를 하는 것은 세테크가 아닙니다. 과거에는 이런 행위가 공공연하게 있었던 것도 사실이나, 요즘은 시대가 바뀌어서 숨기고 버틴다고 해결되는 것이 아닙니다.

전세나 월세를 계약한 세입자는 계약서를 들고 동사무소에서 전입신고하고 확정일자를 받습니다. 2014년부터는 과세자료 제출 및 관리에 관한 법률이 변경되어 전·월세 계약서의 확정일자 자료를 국세청이 행정자치부로부터 받아서 과세자료로 사용할 수 있게 되었습니다. 그러므로 과세당국은 나의 전·월세 임대소득을 모두 파악하고 있습니다. 국세청의 슈퍼컴퓨터에는 전국의 임대인과 임차인의 인적사항, 계약 시 보증금과 월세, 주민등록상 1세대 1주택자인지 아닌지 여부 등 전 국민의 납세자료를 보관하고 처리하므로, 신고하지 않고 세금을 안 내는 것은 불가능해졌습니다.

'세입자가 이렇게 확정일자 신고를 했는데도 귀하는 지금까지 소득을 신고하지 않았으니, ○○월 ○○일까지 이에 대해 소명하십시오. 소명하지 않으면 ○○○○원을 과세하겠습니다.'

이런 내용의 소명 요구 통지서를 받고 소명하지 못하면 신고 불성실 가산세 20%, 납부불성실가산세 지연일수 × 0.022% 가 추가로 부과됩니다. 납부불성실가산세는 1년이면 약 9%, 5년이면 45%가 붙습니다. 소명 요구 통지서가 5년이 지난 후에 오게 되면 65%의 세금을 더 낼 수도 있는 것입니다.

최종 수익은
세금을 뺀 금액이다

재무제표 중 손익계산서는 이익을 알기 위해, 즉 얼마나 이익이 발생하였는가, 어떤 부분에서 이익이 발생하였는가, 이익을 줄이는 비용이 무엇인가를 보여주는 표입니다. 손익계산서에서는 '수익 – 비용 = 이익'으로 표현하고 있습니다. 수익은 기업이 고객에게 제공하는 상품과 서비스의 총합 매출 이고, 이익은 아래와 같이 구분됩니다.

1. 매출총이익 = 매출 수량 × 판매가격 **- 매출원가** 수량 × 제조원가

매출원가는 매출을 발생하기 위해 사용된 고정적인 비용을 말합니다. 원재료 구성비, 공장 가동비, 구매 비용 등이 해당합니다. 제조원가 또는 상품원가로 생각하면 됩니다. 유통회사의 경우에는 완제품을 매입하므로 그것이 매출원가가 됩니다. 매출 대비 매출원가가 차지하는 비율을 매출원가율이라 합니다.

$$\text{매출원가율} = (\text{매출원가} / \text{매출}) \times 100$$

예를 들어, 매출이 10억 원이고 매출원가가 3억 원이라면 매출총이익은 7억 원입니다. 10억 원을 팔기 위해 만드는 비용이 3억 원이 들었으므로 매출원가율은 30%가 됩니다. 즉 매출원가율이 낮을수록 수익성이 높은 것입니다.

2. 영업이익 = 매출총이익 - 판매비와 관리비

판매·관리비는 상품을 만드는 데 들어간 비용 외에 광고, 영업, 홍보에 들어간 판매비와 일반관리직 급여 등 기업의 관리 활동에 사용되는 관리비의 합입니다. 영업이익은 기업의 주력 사업을 통해 얻는 이익이라고 볼 수가 있습니다.

3. 기타영업외이익 경상이익 = 영업외수익 - 영업외비용

회사 본연의 업무 외에 수익과 비용이 생길 수가 있습니다. 주식이나 부동산 투자로 이익을 낼 수 있는 것이죠. 가령 공장부지로 산 땅이 2~3배 오른 뒤에 팔았다면, 그 차액으로 인한 이익도 재무제표에 기타영업외이익으로 기록을 해야 합니다.

참고로 영업외이익에는 이자와 배당소득, 환차익, 유가증권매도 차익 등이 있습니다. 영업외비용에는 이자, 어음할인료, 환차손, 유가증권매도 손해 등이 있습니다.

4. 법인세 소득세 비용차감전순이익

세금 법인세, 소득세 을 제외한 이익을 말합니다. 법인세율을 고려해 일반적으로 이익의 20% 정도가 세금으로 빠져나간다고 보면 됩니다.

5. 당기순이익

세금 법인세 을 제하고 난 이익입니다.

영업이익과 당기순이익이 의미상 비슷해 보이나 완전히 다른 개념입니다. 영업이익은 적자인데 당기순이익은 흑자라면 기타영업외이익이 커서 영업이익의 적자를 만회한 경우입니다. 재무제표를 정확히 읽어야 하는 이유는, 회사 본업의 성과가 중요하다면 영업이익이 중요하고 최종적인 이익을 보는 경우라면 당기순이익이 중요하게 됩니다.

느닷없이 회계가 등장한 이유는 결국 마지막의 이익은 당기순이익임을 보여주기 위해서입니다. 아무리 많이 벌어도 세금을 많이 내면 수익률은 떨어지게 되는 것입니다. 특히나 부동산은 세금의 종류도 많고 누진세율이 적용되고 자산의 크기가 커서 반드시 세무 지식이 필요합니다. 어떤 식으로 세테크를 하느냐에 따라서 실제로 내 손에 들어오는 돈이 크게 차이가 나기 때문입니다.

세율, 세금 덜 내는 부자들의 비법을 알아보자

부동산 판매 후 발생한 소득에 대해서는 일반적으로 양도소득세로 세금을 신고합니다. 양도소득세는 양도소득 과세표준을 계산해서 세율을 적용해 세금을 계산하는데, 이때 적용되는 세율이 누진세율입니다.

누진세율이란 소득금액이 높을수록 적용되는 세율이 높아지는 세율 체계입니다. 특정 연도에 부동산 판매수가 많아지거나, 하나의 부동산을 판매하더라도 양도소득이 높을수록 높은 세율이 적용됩니다. 부동산 판매 시 발생하는 세금의 절세는 이러한 누진세율을 이해하는 것부터 그 출발점이 되며, 한 사람의 바구니에 담기는 소득이 높을수록 세금도 많아지므로 소득의 분산이 절세의 답이 되기도 합니다.

누진세율이란 다시 말하면 소득이 증가하면 적용되는 세율도 높아지는 세율입니다. 돈을 2배 더 벌어서 세금이 2배 더 나오는 것은 누진세율이 아닌 비례세율입니다. 누진세율은 소득이 2배가 되었을 때 세금은 2배보다 더 커지도록 적용되는 세율이며, 초과 누진세란 소득이 증가하면 적용되는 세율이 저율에서 고율로 단계적으로 점점 증가하는 세율입니다.

예를 들어, 과세표준이 1,200만 원이면 소득세는 72만 원 1,200만 원 × 6% 입니다. 하지만 과세표준이 2배가 되는 2,400만 원이 되면, 소득세는 2배인 144만 원이 아닌, 2배 이상인 252만 원 1,200만 원 × 6% + 1,200만 원 × 15% 이 되도록 적용되는 세율입니다.

우리나라는 개인소득세·법인세·상속세 및 증여세에 초과누진세율을 적용하고 있으며, 소득재분배 기능과 경기안정 기능을 중요시 할수록 초과누진세율이 높아지게 됩니다. 누진세율에 대한 개념을 이해했으니, 아래 내용도 같이 숙지하면 좋겠습니다.

합산과세 제도란 같은 해 양도한 자산에 대해서는 모두 더해서 과세하는 제도를 말합니다. 합산과세는 1년을 기준으로 365일 동안에 주택을 여러 채 팔면 여기서 발생하는 양도소득을 모두 합해 세금을 매기는 것입니다. 양도소득이 높아지면 높아질수록 이를 모두 합산해서 과세하므로 누진세율이 적용돼 세금 부담이 늘어나게 됩니다. 그렇다면 부동산을 2회에 걸쳐 양도했을 때, 양도차익이 각각 1억 원씩 나는 경우를 살펴봅시다.

1억 원에 해당하는 양도소득세 누진세율을 곱하면 2,010만 원

1억 원 × 35% - 누진공제액 1,490만 원 의 산출세액이 나옵니다. 2회 양도
분에 대해 각각 세금을 계산하면 4,020만 원이 되지만, 양도소득
세 합산과세를 하게 되면 총 양도차익 2억 원에 대해 38% 세율을
적용해 5,660만 원 2억 원 × 38% - 누진공제액 1,940만 원 의 세금이 나오게
됩니다.

이런 경우, 양도세에 대해 합산과세를 적용한 금액인 2억 원에
대해 세율이 적용되었기 때문에 1억 원씩 2회 팔았음에도 불구하
고 결과적으로 더 많은 세금을 내야 합니다. 따라서 1년 동일 연도 에
두 채 이상 파는 것은 절세 측면에서 불리하므로 합산과세로 인
한 높은 세율 적용을 피하려면 해를 나누어 매도하는 것이 좋습
니다. 예를 들면, 올해 가을에 한 채를 팔면 나머지 한 채는 내년
봄에 파는 것입니다. 이렇게 하면 각각의 양도소득세를 따로 계산
해 절세할 수 있습니다.

그런데 양도차익이 합산되는 점을 역이용할 수도 있습니다. 양
도차익이 있는 주택과 양도차손, 즉 손실이 난 주택을 같은 해에
파는 것입니다. 이렇게 하면 손익이 함께 계산돼 세금을 낼 양도
차익을 줄이거나 없애는 효과를 볼 수 있습니다. 주의할 점은, 손
실 본 자산의 양도차손은 해당 연도에만 합산 가능하므로 내년으
로 넘기지 않고 동일 연도에 함께 묶어 팔아야 한다는 것입니다.

또 합산과세 대상으로 같이 묶일 수 있는 자산인지의 여부를
확인해야 합니다.

합산과세 대상은 토지, 건물 및 부동산에 관한 권리 토지, 건물, 부동산 취득 권리, 지상권, 전세권과 등기된 부동산 임차권, 사업용 고정자산과 함께 양도하는 영업권, 이용권, 회원권, 주식, 파생상품으로 나뉩니다.

즉, 상가에서 손실이 나고 주택에서 차익이 나면 같은 부동산의 영역이므로 통산 가능합니다. 골프장 회원권, 고급 헬스클럽 회원권도 통산해 합산과세할 수 있습니다.

소득세 과세표준 구간 조정

종전		개정안	
소득세 과세표준 및 세율		과세표준 조정	
과세표준	세율	과세표준	세율
1,200만 원 이하	6%	1,400만 원 이하	6%
1,200만 원~4.600만 원 이하	15%	1,400만 원~5.000만 원 이하	15%
4,600만 원~8,800만 원 이하	24%	5,000만 원~8.800만 원 이하	24%
8,800만 원~1억 5천만 원 이하	35%	8,800만 원~1억 5천만 원 이하	35%
1억 5천만 원~3억 원 이하	38%	1억 5천만 원~3억 원 이하	38%
3억 원~5억 원 이하	40%	3억 원~5억 원 이하	40%
5억 원~10억 원 이하	42%	5억 원~10억 원 이하	42%
10억 원 초과	45%	10억 원 초과	45%

* 적용시기 - 2023년 1월 1일 이후 발생하는 소득분부터 적용

어떻게 하면
세금을 줄일 수 있나

직장인은 노동력을 제공해 그 대가로 급여를 받고 사업자는 재화나 용역을 제공해서 매출이라는 소득을 만들어 냅니다. 또 부동산 임대사업자는 임대용역을 제공하고, 부동산을 양도하는 사람은 부동산을 양도하면서 소득을 만듭니다. 이렇게 소득을 내는 과정에는 모두 세금이 따릅니다. 근로소득세, 사업소득세, 부동산 임대소득세, 양도소득세 등이 부과됩니다.

많이 벌면 세금도 많이 내야 합니다. 돈을 많이 버는 사람이 세금을 줄이고자 고민하는 것은 너무나 정상적인 일입니다. 다만 어떻게 절세할 것인가를 늘 염두에 둬야 합니다.

 세알못 그럼 어떻게 세금을 줄일 수 있나요?

 택스코디 먼저 각 세목을 정확히 이해하고 세금 계산 원리를 익히는 것입니다.

세금은 순수익_{번 돈 - 벌기 위해 쓴 돈}에 대해 부과됩니다. 근로소득세는 총급여액에서 근로소득공제를 차감하고, 양도소득세는 양도가액에서 취득가액 및 기타 필요경비와 장기보유 특별공제를 차감해 과세합니다.

이런 계산방식은 누구에게나 똑같이 적용되어야 합니다. 그런데 개인마다 약간씩 사정은 다를 수 있습니다. 같은 월급을 받더라도 한 사람은 부양가족의 생계까지 책임지지만 다른 한 사람은 독신이라 더 여유로울 수 있습니다. 이 경우 두 사람의 소득이 같다고 해서 세금을 똑같이 부과하는 것이 과연 공평할까요?

이런 요인을 고려해 위에서 말한 과세소득 중에서 개인의 사정을 고려한 소득공제_{기본공제나 특별공제}를 적용해 그 차이를 조정합니다. 다만 양도소득은 불로소득의 성격이 강하므로 개인적인 사정을 고려해 주는 제도가 거의 없습니다.

그럼 대표적인 소득인 근로소득과 양도소득에 대한 세금 계산 구조를 살펴봅시다. 먼저 근로소득세는 다음과 같은 구조로 계산됩니다.

- 근로소득금액: 총급여액 – 근로소득공제
- 근로소득 과세표준: 근로소득금액 – 종합소득공제(인적공제와 특별공제 등)
- 산출세액: 과세표준 × 기본세율(6~45%)

- **납부세액**: 산출세액 - 세액공제 - 기납부세액

근로소득세는 '총급여액에서 근로소득공제와 종합소득공제를 뺀 금액 _{과세표준}'에 세율을 적용해 세금을 계산합니다. 이렇게 산출된 세액에서 세액공제 및 기납부된 원천징수세액을 차감해 세금을 결정합니다.

여기서 근로소득공제는 급여 수준에 따라 얼마를 공제해 줄 것인지를 미리 정해 자동으로 계산되지만, 종합소득공제는 직장인 개인의 특성에 따라 각자 다르게 공제액이 결정되는 점을 눈여겨봐야 합니다. 그리고 늘어난 세액공제 항목들에는 어떤 것들이 있는지도 아울러 살펴봐야 합니다. 따라서 근로소득세를 낮추는 방법은 각종 공제를 많이 받는 방법뿐입니다. 직장인이 인위적으로 조정할 수 있는 것은 공제뿐입니다. 그 밖의 부분은 법에 따라 획일적으로 적용되기 때문입니다. 이것이 가장 기본이 되는 근로소득세 절세 원리입니다.

양도소득세는 다음과 같은 구조로 계산됩니다.

- **양도차익**: 양도가액 - 필요경비(취득가액 + 기타 필요경비)
- **양도소득금액**: 양도차익 - 장기보유특별공제
- **양도소득 과세표준**: 양도소득금액 - 기본공제(250만 원)
- **산출세액**: 과세표준×세율(기본세율, 45% 등)
- **납부세액**: 산출세액 - 기납부세액

양도소득세는 양도가액에서 필요경비를 뺀 다음 다시 장기보유 특별공제와 양도소득 기본공제를 뺀 금액에 대해 세금을 부과합니다. 개인 각각의 특별한 사정에 따라 공제되거나 하지 않고 일단 양도가 발생하면 인위적으로 세금을 줄이는 방법은 거의 없습니다. 무조건 법에 따라 계산하면 끝입니다.

따라서 양도소득세를 줄이기 위해서는 반드시 양도 이전에 철저한 대책 시세나 자금 그리고 세금 등에 대한 대책 을 수립한 다음 양도해야 합니다. 이것이 절대 잊어서는 안 될 양도소득세 절세 원리입니다.

팔리면 '실거래가' 보유하면 '공시가격'을 적용한다

다 똑같은 집값이 아닙니다. '실거래가'가 집을 사고, 팔 때의 값이라면 '공시가격'은 보유 가치를 나타내는 가격입니다. 최근 실거래가보다 공시가격이 더 높은 '역전 현상'이 속출하자 정부가 제도 손질에 나서고 있습니다.

세알못 공시가격이 얼마나 중요하길래 이렇게 관심을 쏟는 걸까요?

택스코디 공시가격은 정부가 조사·산정해 공시하는 '공식 집값'을 말합니다. 국토교통부가 토지, 단독주택, 공동주택 등 3가지의 부동산 공시가격을 매년 공시하고 있습니다.

이중 주택가격 공시제도는 2005년에 생겼습니다. 현재 주택법 제2조 3호에 따라 공동주택에 해당하는 아파트, 연립주택, 다세대주택 등이 해당합니다. 국내 모든 주택의 공시가격은 한국부동산원이 조사·산정해서 '부동산 공시가격 알리미' 사이트에서 확인 가능합니다 공동주택의 경우 전수조사를 원칙으로 하고 있지만 실제로는 표본조사로 이뤄지고 있습니다.

그런데 공시가격을 확인해 보면 한 가지 의문이 듭니다. '공식 집값'인데 실제 거래가와는 차이가 크기 때문입니다. 같은 집값이어도 용도가 다르기 때문입니다. 실거래가는 말 그대로 주택을 판 사람과 산 사람이 실제 주고받은 금액을 말합니다. 이 가격을 바탕으로 취득세, 양도세 등의 '거래세'를 매기죠.

그러나 집을 사거나 팔지 않고 보유만 한다면 집값을 매기기 어렵습니다. 이때 공시가격을 씁니다. 이 공시가격은 종합부동산세, 재산세 등 '보유세'를 책정할 때 쓰죠. 이밖에도 공시가격은 건강보험료, 기초연금 등 67개 행정 제도의 기준으로 사용되고 있습니다. 공시가격이 세금 등 국민의 부담을 늘리는 자료의 기초가 되는 값인 만큼 통상 실거래가보다 낮게 결정됩니다.

참고로 2023년 아파트 공시가격 현실화율은 2022년 71.5%에서 내년 69%로 낮아집니다. 가뜩이나 고금리에 시달리는데 주택 경기가 꺾이면서 집도 안 팔리는 상황에서 주택 보유자들은 한숨 돌리게 됐습니다.

주택 공시가격 활용 분야

세금	국세	종합부동산세, 양도소득세(실거래가가 확인되지 않을 경우), 상속세, 증여세 과표
	지방세	재산세, 취득세(신고가액 등이 없을 경우) 과표
기타		장기주택저당차입금 이자상환액 소득공제, 국민주택채권매입 기준, 공직자 재산공개 기준, 기초연금 · 기초생활보장 · 장애인연금 대상자 판단 기준, 지역건강보험료 부과기준, 청약가점제 무주택자 분류기준, 재건축부담금 부과액 산정, 주택자금소득공제 등

CHAPTER 02

TA

부동산
취득할 때 세금

집을 사기 전 고민해야 하는 세금, 알아야 아낀다

부동산은 취득 시점은 물론이고, 보유하는 중에도 계속 세금이 발생합니다. 또 판매 시에도 세금은 발생하고, 판매하지 않고 증·여를 하더라도 세금이 발생하며, 증여하지 않은 상황에서 사망해도 세금이 발생합니다. 부동산 투자자라면 이러한 세금에 대해 적극적으로 관심을 가져야 합니다.

그 이유는 적정하게 세금을 부담하는지, 더 줄일 방법은 없는지에 대해서 관심을 가지는 것 또한 돈을 버는 방법이기 때문입니다. 무엇보다 절세를 언제부터 준비했느냐에 따라서 세금은 크게 달라질 수 있으므로, 그 시점 또한 매우 중요한 절세 요소입니다.

언제부터 준비하느냐는 어떤 재산이 누구에게로 어떻게 이동하느냐에 대한 시점을 결정할 수도 있습니다.

- 부동산 취득 시 발생하는 세금: 취득세
- 부동산 보유 시 발생하는 세금: 재산세 및 종합부동산세
- 부동산 매도 시 발생하는 세금: 양도소득세
- 부동산 증여 시 발생하는 세금: 증여세 및 취득세
- 부동산 상속 시 발생하는 세금: 상속세 및 취득세

부동산은 취득 시점부터 세금이 발생합니다. 또 보유 중에는 물론이고, 처분 양도, 상속, 증여 시에도 세금이 발생하기 때문에 세금이 많은 것은 당연한 일일지도 모릅니다. 부동산을 판매해서 발생하는 소득세는 소득이 발생하면, 소득 발생액의 일정 금액만 과세하기 때문에 흔히 밑지는 장사가 아니라고 생각합니다. 하지만 취득 시 발생하는 취득세와 보유 중 발생하는 재산세·종합부동산세는 소득이 없어도 발생하며, 심지어 손해가 생겼음에도 불구하고 발생합니다. 따라서 소득세와 비교해 아까운 세금이며, 억울한 세금이기 때문에 부담하는 사람에게는 많다고 생각되며, 실제로도 많은 것도 사실입니다.

아파트 원정 투자, 사두면 돈 될까?

가파른 금리인상으로 전국 부동산 시장이 얼어붙고 있지만, 지방 아파트엔 여전히 외지인의 '원정 투자'가 몰리고 있습니다. 전체 아파트 매매 거래의 40% 가까이가 외지인이 차지할 정도입니다. 매매 가격과 비교해 전세 가격이 상대적으로 높아 갭투자 전세 낀 매매 가 가능해 절세를 노린 공시가격 1억 원 미만 아파트에 외지인의 투자가 잇따르고 있습니다.

 세알못 지방 아파트가 절세가 가능하단 말이죠. 구체적으로 어떻게 절세가 되는 건가요?

 택스코디 결론부터 말하자면 공시가격이 1억 원 미만이면 보유주택수와 상관없이 기본 취득세율(1.1%)만 내면 되기 때문입니다.

2020년 8월 12일부터 주택 실수요자를 보호하고 투기수요를

근절하기 위해 법인이 주택을 취득하거나 1세대가 2주택 이상을 취득하는 경우 등에 대해서는 주택 취득에 따른 취득세율을 상향하는 주택 취득세 중과세 제도가 시행되었습니다. 1주택을 소유하고 있는 1세대가 조정대상지역에 있는 주택을 취득하여 3주택이 되면 6% 종전 12% 의 세율이 적용됩니다.

또 1세대 3주택에 해당하는 주택으로서 비조정대상지역에 있는 주택을 취득하는 경우에는 4% 종전 8% 세율이 적용됩니다. 1세대 4주택 이상에 해당하는 주택으로서 비조정대상지역에 있는 주택을 취득하는 경우에는 6% 종전 12% 세율이 적용됩니다.

적용 세율

구분	1주택	2주택	3주택	4주택
조정대상지역	1~3%	1~3%	6%	6%
비조정대상지역	1~3%	1~3%	4%	6%

또 일정 요건에 해당하는 주택은 중과대상에서 제외합니다. 중과제외 주택은 1~3%의 표준세율로 과세하고, 요건을 충족하는 경우에는 다른 주택 취득 시 소유주택수에서도 제외됩니다.

1억 원 이하 주택

시가표준액 주택공시가격 1억 원 지분이나 부속토지만을 취득한 경우 전체 주택의 시가표준액 이하인 주택은 중과에서 제외되어 1~3%의 표준세율로 과세합니다.

주택건설을 위해 멸실목적으로 취득하는 주택

주택법에 따라 등록한 주택건설사업자 등이 주택건설을 위해 멸실목적으로 취득하는 주택은 중과에서 제외되어 1%~3%의 표준세율로 과세합니다.

그 밖의 주택

농어촌주택, 사업용 노인복지주택, 국가등록문화재 주택, 가정어린이집 가정어린이집을 국공립어린이집으로 전환한 경우 포함, 공사대금으로 취득한 미분양주택 등이 이에 해당합니다.

취득세 6% 세금폭탄을
맞을 수 있다

세알못 경기도 조정지역 내 아파트 두 채를 가진 2주택자입니다. 2023년 12월에 준공하는 경기도 아파트에 입주하고 싶어 2022년 11월 중 분양권을 살 예정입니다. 대신 입주 전에 기존 집은 모두 처분할 계획입니다. 입주 시점에는 보유하는 다른 아파트 없이 분양권으로 들어가게 되는 집만 새로 취득하게 되는 셈입니다. 이때 제가 내야 하는 취득세는 얼마인가요?

택스코디 정답은 6%(종전12%)입니다. 1주택자로 보이지만 2020년 개정된 지방세법에 따라 세알못 씨의 경우 3주택자가 되기 때문입니다.

'7·10 대책' 등으로 취득세와 관련한 부동산 수요자들의 셈법이 복잡해졌습니다. 취득세율이 주택수에 따라 중과세가 되고, 주택수를 산정할 때 분양권·입주권도 주택수에 포함되도록 했기 때문입니다. 특히 분양권·입주권을 주택수로 산정하는 시기를 잘못 판단하게 되면 수천만 원에서 수억 원대의 취득세가 중과될 수 있어 주의해야 합니다.

개정된 지방세법 시행일 2020년 8월 12일 이후 취득한 분양권·입주권은 주택수에 포함됩니다. 이때 주의할 것이 있습니다. 이때 주택수는 해당 분양권으로 취득하는 아파트의 등기가 이뤄지는 시점이 아니라, 말 그대로 분양권을 사거나 계약하는 시점에 확정이 됩니다.

위의 사례에서 세알못 씨가 3주택자로 간주돼 분양권으로 입주하는 아파트의 취득세율이 6%인 것은 이 때문입니다. 비록 입주 전에 2주택을 팔더라도 분양권 취득 시점에 3주택자가 된 것입니다.

즉, 세알못 씨의 주택수와 분양권으로 입주하는 아파트의 취득세율은 분양권을 취득한 시점인 2022년 11월 이미 확정됐기 때문

다주택자 및 법인 취득세율 변경 내용

구분		변경 전	현행
개인	1주택	주택 가액에 따라 1~3%	주택 가액에 따라 1~3%
	2주택		1~3%
	3주택		6%(비조정대상지역3주택: 4%)
	4주택	4%	
법인		주택 가액에 따라 1~3%	

에 실제 입주 시점인 2023년 12월에 무주택인 점은 취득세 산정에 영향을 주지 않습니다.

기존 주택과 분양권을 입주 이후까지 모두 보유할 것이라면 상관없지만, 기존 주택을 처분할 생각이라면 분양권 취득 시점을 고려해야 합니다. 따라서 기존 주택을 모두 처분한 후 분양권을 취득해야 추후 입주 시점에 취득세가 중과되지 않습니다.

다만 분양권을 먼저 취득한 이후, 추가로 주택을 살 때는 곧장 2주택자가 되지 않고 일시적 2주택자가 될 수 있습니다. 통상 기존 주택을 3년, 조정지역 내에서는 2년 안에 처분할 경우 1주택에 해당하는 취득세율이 적용됩니다. 그런데 이때 기존 주택이 분양권일 경우 새로운 주택을 취득한 시점으로부터 1~3년이 아니라 분양권 아파트가 준공된 시점으로부터 기간을 산정합니다. 조정지역의 경우 준공 이후 2년 안에 분양받은 아파트를 매도하면 일시적 2주택자가 됩니다.

다주택자 '취득세 중과' 완화된다

다주택자에 대한 취득세 중과제도는 2020년 8월 주택 투기 억제를 위해 도입되었으나, 최고세율이 12%에 달하는 등 과도하다는 비판과 함께, 최근 경기위축과 주택거래 침체 등으로 주택시장 과열 당시 도입되었던 제도의 적실성에 대한 지적이 있었습니다.

이에 따라 정부는 '부동산세제 정상화' 차원에서 2주택까지는 중과를 폐지키로 하고, 3주택 이상은 현행 중과세율 대비 50%를 인하하기로 했습니다.

다주택자 취득세 중과완화 방안

종전	구분	개선
8%	비조정대상지역 3주택	4%
12%	4주택(조정대상지역 3주택) 이상 및 법인	6%

이번 조치의 시행시기는 중과완화 발표일인 2022년 12월 21 일부터이며, 취득한 주택의 잔금 지급일이 이날 이후이면 중과완 화 적용을 받습니다.

취득세 중과완화는 법률개정 사항으로 2023년 초 2월 예상 '지방 세법'개정안의 국회 입법 시 이날부터 소급 적용됩니다.

아울러 이번 취득세 중과완화와 함께 조정대상지역의 3억 원 이상 주택 증여에 대한 증여 취득세 중과세율도 기존 12%에서 6%로 인하될 예정입니다.

한편, 정부가 국민주택규모 장기 아파트 전용면적 85㎡ 이하 에 대 한 임대등록을 재개할 계획임에 따라 이에 대한 지방세 혜택도 복원될 예정입니다. 시행은 '민간임대주택에 관한 특별법'이 개 정·시행되는 시점부터입니다.

이번 경제정책 방향의 핵심은 '규제 완화'입니다. 2022년까 지 이어진 집값 급등기에 늘어난 '부동산 규제' 철폐가 대표적입 니다. 우선 '다주택자는 집값 상승의 주범'이라는 이전 정부의 패 러다임을 과감하게 폐기하기로 했습니다. 다주택자가 주택을 매 입할 때 취득세를 중과하는 제도를 완화하고, 2023년 5월까지 유 예 중인 양도세 중과배제 조치도 1년 더 연장합니다. 다주택자가 분양권·주택·입주권을 산 뒤 1년 안에 팔 때 부과하는 양도세율 을 45%까지 낮추고, 1년 후 팔면 매기는 60%의 세율은 아예 없 애기로 했습니다.

또 폐지 수순을 밟았던 민간 등록임대사업자에 대한 세제 혜택도 부활할 예정입니다. 조정대상지역 내 매입임대주택에 대한 양도세 중과배제 및 종부세 합산배제, 법인에 대한 법인세 추가과세 배제 등입니다. 등록임대사업자에 대한 규제지역 내 LTV 상한도 일반 다주택자보다 확대할 예정입니다.

특히 85㎡ 이하 등록임대아파트에도 취득세 감면 혜택을 주는 방안을 추진합니다. 예고됐던 60㎡보다 대상을 넓혀, 60㎡ 이하는 85~100%, 60~85㎡는 50% 취득세가 감면됩니다. 장기임대 의무 임대 기간은 기존 10년에서 15년까지 확대하고, 해당 사업자에게는 추가 혜택을 줄 방침입니다. 15년의 경우, 주택가액이 수도권 9억 원, 비수도권 6억 원 이하인 만큼 적지 않은 세제 혜택이 예상됩니다.

CHAPTER 03

TAX

부동산 보유할 때 세금

부동산 세금 어떻게 매길까?

부동산은 취득할 때 보유할 때 그리고 처분할 때 모두 세금을 냅니다. 세금 계산 방식은 부동산 가격에 세율을 곱해 정하는데 세금 종류와 과세 원인에 따라 과세기준 상 적용되는 가격에 차이가 있습니다.

 세알못 부동산 세금을 계산할 때는 시가를 적용하는 건가요?

 택스코디 부동산 가격은 실제 거래가격, 공시가격, 시가로 인정되는 가격 등으로 나눌 수 있습니다. 실제 거래가격은 매매로 취득하거나 양도할 때 발생하고 공시가격은 매년 조사를 통해 공표되는 기준가격을 말하며 실제 거래가격과는 차이가 있습니다. 시가로 인정되는 가격은 불특정 다수가 거래하는 가격을 말하며 아파트의 경우 동일 단지에 있는 비슷한 평형의 아파트 매매가격도 시가로 봅니다. 매매로 취득한 경우 실제 거래가격에 따라 취득세를 내고 보유 중에는 공시가격을 기준으로 재산세 및 종합부동산세(기준 충족 시)를 부담하며 매매로 처분할 때 실제 거래가격을 기준으로 양도소득세를 계산합니다.

취득세는 거래원인에 따라 적용하는 가격이 다릅니다. 거래대금이 오가는 매매의 경우 실제 거래가격을 신고해야 하고 해당 거래가격을 기준으로 취득세율을 적용하게 됩니다. 다만 신고가액이 공시가격보다 적을 때는 공시가격을 적용해 취득세를 계산합니다.

취득의 원인이 상속이나 증여의 경우라면 취득세와 상속증여세로 구분해 살펴볼 필요가 있습니다. 먼저 취득세 계산 시 공시가격을 기준으로 세금을 계산합니다. 반면 상속세와 증여세는 해당 부동산의 시가를 원칙으로 하고 시가가 없는 경우 예외적으로 공시가격을 적용합니다.

즉 부동산을 상속이나 증여받을 때 부담하는 상속증여세와 취득세 계산 시 적용하는 과세기준 가격이 각각 다르다는 점을 유의해야 합니다. 그러나 무상으로 이전받을 때 취득세 과세기준이 최근 세법 개정으로 변경돼 2023년 이후에는 불특정 다수인 사이에 거래하는 가격인 시가인정액을 기준으로 취득세를 계산합니다. 상속의 경우는 기존과 같이 공시가격으로 적용하지만, 증여의 경우 공시가격 1억 원 이하인 경우는 제외 에는 시가인정액으로 취득세를 계산합니다. 따라서 2023년부터는 부동산 증여 시 현재보다 취득세 부담이 높아질 것으로 보입니다.

그리고 부동산을 보유하는 중에 부담하는 재산세와 종합부동산세는 공시가격을 기준으로 세금을 계산합니다. 공시가격은 매년 초 조사를 거쳐 주택의 경우 4월 말, 토지의 경우 5월 말 공시하는 것이 일반적이었으나 2022년 주택과 토지 모두 4월 29일로 결정 공시됐습니다. 보유세는 다른 세금과 달리 공시가격에 '공정시장가액비율'을 곱한 가격으로 적용합니다.

양도소득세는 실제 거래가격으로 세금을 계산하므로 취득 시점 가격과 양도 시점 가격의 실제 매매차익을 기준으로 합니다. 따라서 양도소득세 절세를 위해서는 취득 당시 실제 지급했던 거래가격을 계약서 등 증빙을 통해 확인하는 것이 필요합니다. 상속이나 증여를 통해 취득한 부동산의 경우에는 취득 당시 실제 거래가격이 없으므로 상속세나 증여세로 신고한 가격이 취득가격이 됩니다.

상속세와 증여세에서는 취득 당시 해당 자산의 시가를 기준으로 과세하지만, 논밭이나 임야와 같이 시가로 인정할 만한 가격이 없는 경우 공시가격으로 신고할 수 있습니다. 추후 양도하는 경우에는 취득 당시 신고한 공시가격(취득가액)과 실제 양도가액과의 차익에 대해 양도소득세를 내야 합니다.

공시가격과 보유세 상관관계를 살펴보자

세알못 우리 집 공시가격은 어디서 확인하나요? 그리고 보유세가 얼마 나올지 어떻게 알 수 있나요?

택스코디 공시가격은 인터넷 사이트 '부동산공시가격알리미' 누리집이나 주택이 소재한 시·군·구청 민원실에서 매년 3월 24일부터 4월 12일까지 열람 가능합니다. 이후 중앙부동산가격공시위원회 심의를 통해 4월 29일 공동주택 가격 결정·공시가 이뤄집니다.

세알못 같은 아파트 단지인데 공시가격이 왜 다른가요?

택스코디 공시가격은 주택별로 가지고 있는 총격차율(층, 향, 소음, 기타 등) 세부 항목에 따라 각각 다르게 구해집니다. 같은 단지더라도 향에 따라 선호도가 높은 남향이나 조망권 등을 갖출 때 실거래가격이 높아 그만큼 높게 책정될 수 있습니다. 이밖에 프라이버시, 1층 전용 정원, 최상층 다락방(펜트하우스) 등 아파트 가치에 영향을 주는 요소들도 각 10% 범위에서 격차를 반영하게 돼 있습니다. 전매제한이나 대지권 등재 여부, 발코니 확장 여부 등도 고려 대상입니다.

 세알못 최근 집값이 하락하고 있는데, 하락분은 공시가에 반영되지 않나요?

 택스코디 공시가격은 매년 1월 1일을 기준으로 합니다. 이 때문에 올해 1월 이후 하락분은 올해 반영되지 않고 내년도 공시가격에 반영됩니다.

 세알못 공시가격이 오르면 보유세만 더 내면 되나요? 추가로 어떤 부담이 생기나요?

 택스코디 공시가격은 보유세 외에도 여러 영향을 미칩니다. 부동산 공시가격이 연계된 납세·복지·행정 관련 제도는 모두 67개에 달합니다.

공시가격 상승은 정부의 보상 등 이례적인 경우를 제외하면, 대부분이 세금이 늘어나고 복지 혜택이 줄어드는 등 부정적인 영향을 미친다고 보면 됩니다. 먼저 지역가입자의 경우 건강보험료가 오를 수 있습니다. 아파트·토지 등의 재산을 합한 등급별 점수로 보험료가 결정되기 때문입니다. 단, 직장가입자는 소득이 기준이므로 공시가격과 무관합니다.

공시가격은 소득인정액으로 변환할 수 있는데, 공시가가 많이 올라 소득 기준액을 넘으면 기초연금 등 각종 연금을 못 받게 될 수도 있습니다. 또 재산세·종합부동산세와 같은 보유세 외에도 상속·증여·양도소득세 등에도 직접적인 영향을 미칩니다. 따라서 공시가격이 최종적으로 결정되기 전에 증여·상속에 나서며 절세효과를 노려볼 수도 있습니다.

세알못 공시가격이 생각보다 많이 오른 것 같습니다. 이의신청하고 싶은데 어떻게 하면 되나요?

택스코디 공시가격(안) 열람 기간(3월 24일~4월 12일)에 의견이 있는 경우 4월 12일까지 의견서를 '부동산공시가격알리미 누리집'에서 온라인 제출하거나 민원실 또는 한국부동산원 각 지사에 우편·팩스 또는 방문해 제출할 수 있습니다. 공시가격 결정·공시일(4월 29일) 이후엔 5월 30일까지 한 달간 이의신청 접수를 받습니다. 신청된 건은 재조사 및 검토과정을 거쳐 6월 말 조정·공시됩니다.

6월 1일은 반드시 기억하자

재산세는 국민의 기초생활과 직결되는 만큼 낮은 수준에서 세금이 부과됩니다. 특히 기준시가 6억 원이 안 된 주택은 과세 구조상 그리고 지방자치단체에서 감면을 적용하는 경우가 많아서 세 부담이 크지 않습니다.

그러나 종합부동산세는 다릅니다. 기준시가가 인상되거나 신규로 주택이나 나대지 등을 매입하면 종합부동산세 부담이 늘어날 수 있습니다. 그러므로 부동산을 많이 보유한 사람들은 세금이 얼마나 나올지 미리 알아보고, 세금 부담 능력을 따져 봐야 합니다. 만약 보유세가 부담되면 처분이나 증여 등의 방법을 통해 재산의 규모를 줄일 필요가 있습니다.

집 계약을 앞둔 사람이라면 '6월 1일'을 반드시 기억해야 합니다. 바로 재산세의 과세기준일이기 때문입니다. 이날 현재 집을 소유한 사람은 7월과 9월에 재산세를 절반씩 나눠서 내야 하며, 고가주택을 갖고 있다면 12월에 종합부동산세까지 내야 합니다. 하루 차이로 수십만 원에서 수백만 원의 보유세를 내야 하는 상황이 생길 수도 있으므로 계약할 때 잔금일을 꼼꼼하게 따져볼 필요가 있습니다.

만약 아파트를 5월에 팔았다면 올해 재산세는 낼 필요가 없습니다. 잔금을 5월 31일에 받았더라도 재산세 고지서가 나오지 않습니다. 집을 산 사람이 재산세를 내게 됩니다. 6월 1일에 매매가 이뤄진 경우에도 집을 산 사람이 재산세를 내야 합니다. 기존의 집주인은 재산세 과세대상에서 벗어날 수 있고, 새 집주인이 세금을 내는 것입니다. 그러나 6월 2일에 집을 판다면 그해 재산세를 내야 합니다. 과세기준일인 6월 1일 현재 집을 소유했기 때문입니다. 과세기준일은 잔금지급일과 등기접수일 중 빠른 날짜를 기준으로 결정됩니다. 집을 사는 사람이 6월 1일에 잔금을 치르고 6월 2일에 등기를 했다면 재산세 고지서를 받게 됩니다.

종합부동산세도 재산세와 똑같은 과세기준일을 적용합니다. 국세청이 재산세를 내는 집주인들 가운데 고가주택을 보유한 과세대상자를 선별해 12월에 고지서를 보냅니다. 주택 한 채만 보유한 사람은 공시가격 12억 원 종전 11억 원을 넘어가면 종부세 과세대상자가 되며, 1세대 2주택 이상이면 공시가격 합계가 9억 원 종전 6억 원을 넘어도 과세대상입니다.

재산세와 종부세는 금융기관에 직접 내거나, 계좌이체, 신용
카드 등을 통해서도 낼 수 있습니다. PC나 태블릿, 스마트폰에서
도 편리하게 전자납부가 가능합니다. 재산세 전자납부는 전국 지
방세 신고납부 서비스인 '위택스'를 이용하면 되고, 종부세는 국
세청 '홈택스 PC 홈페이지'나 '손택스 모바일 앱'를 통해 간편하게 낼 수
있습니다.

재산세는 어떻게 계산하나

재산세는 시가표준액 공시가격 에 세법에서 정해진 공정시장가 액비율을 곱한 금액을 과세표준으로 하여 계산합니다. 주택분을 보면 일반적으로 매매 시세 대비 70% 수준으로 공시가격이 책정 되고, 이 공시가격에 다시 60%의 공정시장가액비율을 곱한 금액 이 과세표준 금액이 됩니다. 여기서 공정시장가액비율은 지방세 법이 정하는 범위 내에서 탄력적으로 적용되는 비율로서, 현재 주 택 재산세의 공정시장가액비율은 60% 2022년 45% 입니다.

당해 주택의 시가표준액은 매년 4월 30일 공시되는 가액이며, 단독주택은 개별주택가격이, 공동주택은 공동주택가격이 공시됩 니다. 공시된 가액이 없는 경우 지방자치단체장이 산정한 가액을 활용합니다.

• 주택 재산세 과세표준 = 주택 시가표준액 × 공정시장가액

비율 60%

세알못 주택가격이 공시되지 않은 주택에 대해서는 재산세를 어떻게 산정하나요?

택스코디 개별주택가격이 공시되지 않은 때에는 지방자치단체장이 주택가격비준표를 사용하여 산정한 가액으로 하고, 공동주택가격이 공시되지 않은 때에는 지역별·단지별·면적별·층별 특성 및 거래가격 등을 고려하여 산정한 가액으로 적용합니다.

재산세 과세표준을 구했으면, 여기에 세율을 곱해 세액을 계산합니다. 주택에 대한 재산세 세율은 4단계 누진세율 0.1~0.4% 을 적용합니다. 한편, 2021년 1세대 1주택자에 대한 세율 특례를 신설했습니다. 1세대 1주택자가 보유한 공시가격 9억 원 이하 주택을 대상으로 합니다. 적용 세율은 현행 과세표준 구

세율

과세표준	표준 세율 공시가 9억 초과 · 다주택자 · 법인	특례 세율 공시가 9억 이하 1주택자
0.6억 원 이하	0.1%	0.05%
0.6~1.5억 원 이하	6만 원+0.6억 원 초과분의 0.15%	3만 원+0.6억 원 초과분의 0.1%
1.5~3억 원 이하	19.5만 원+1.5억 원 초과분의 0.25%	12만 원+1.5억 원 초과분의 0.2%
3~5.4억 원 이하	57만 원+3억 원 초과분의 0.4%	42만 원+3억 원 초과분의 0.35%
5.4억 원 초과		-

간별 재산세 표준세율을 0.05% 인하했습니다. 2021년부터 2023년까지 3년간 한시적으로 운영됩니다.

참고로 별장은 다른 주택과 다르게 4% 단일세율을 적용합니다. 별장은 주거용 건축물로서 늘 주거용으로 사용하지 않고 휴양·피서·놀이 등의 용도로 사용하는 건축물과 그 부속토지읍 또는 면 지역의 농어촌주택과 그 부속토지는 제외를 말합니다.

또 산출된 재산세액이 전년도 재산세액 대비 일정 비율을 초과하는 경우 그 초과하는 금액은 없는 것으로 하는 세부담 상한을 적용합니다.

세알못 세부담 상한이 무엇인가요?

택스코디 세부담 상한제도는 공시가격이 상승해 재산세 산출세액이 급증한 때에도, 직전연도 납부한 세액의 일정비율(세부담상한비율)을 초과하여 과세하지 않음으로써 세부담 급증에서 오는 부담을 완화하기 위한 제도입니다.

세알못 주택을 2인 이상 공동소유하면 재산세가 줄어드나요?

택스코디 주택 재산세는 개별 또는 공동주택가격을 기준으로 과세표준을 계산하여 세액을 산출한 후 공동소유인의 지분별로 나누므로 단독소유일 때와 세액은 차이가 없습니다.

과세특례 활용으로 절세해보자

다시 강조하자면 종합부동산세는 과세기준일 매년 6월 1일 주택을 소유한 사람 중에서 개인별로 주택공시가격을 합산해 과세기준 6억 원, 1세대 1주택자 11억 원 을 초과하는 금액에 대해서 세율을 반영해 계산합니다.

종합부동산세의 1세대 1주택자이면 과세기준 11억 원이 적용되며 세율도 기본세율인 0.6~3%, 고령자 세액공제 만60세 이상일 때, 나이에 따라 20%에서 40% 세액공제 및 장기보유자 세액공제 5년 이상 보유하면 보유 연수에 따라 20%에서 50% 세액공제 를 합산해 최대 80% 등이 적용돼 세금 부담을 낮출 수 있습니다.

 세알못 부부 공동명의는 1세대 1주택자 세액공제를 적용받을 수 있나요?

 택스코디 종합부동산세의 '1세대 1주택자'란 거주자로서 세대원 중 1명만이 주택분 재산세 과세대상인 1주택을 소유한 자를 의미하는 것으로 부부 공동으로 소유하고 있는 경우 1세대 1주택자에 해당하지 않습니다.

그러나 2021년부터 부부 공동명의 1주택자도 부부 중 1인이 해당 주택을 단독으로 소유한 것으로 선택한 경우에는 12억 원 종전 11억 원 의 과세기준금액과 세액공제 고령자 세액공제 및 장기보유자 세액공제 를 적용받을 수 있도록 특례제도가 마련됐습니다.

 세알못 일시적 2주택자도 1세대 1주택자 세액공제를 적용받을 수 있나요?

 택스코디 2022년부터는 1세대 1주택자가 아니더라도 1주택을 양도하기 전에 다른 주택을 대체취득해 일시적으로 2주택자가 된 경우, 1주택과 상속주택을 함께 소유하고 있는 경우 그리고 1주택과 지방에 소재한 저가주택을 함께 소유하고 있는 경우에도 1주택자로 간주하도록 세법을 개정해 1세대 1주택자의 계산방식을 적용받을 수 있게 됐습니다.

여기서 일시적 2주택은 신규주택 취득일부터 종전 주택을 2년 이내에 양도하는 경우로, 만약 신규주택 취득 후 2년 이내 종전주택을 양도하지 못한다면 1세대 1주택자 계산방식으로 경감받은 종부세와 가산세가 추징될 수 있으니 유의가 필요합니다.

상속주택은 과세기준일 매년 6월 1일 현재 상속개시일부터 5년이 경과하지 않은 주택, 5년이 경과한 주택도 지분율이 40% 이하인 주택이거나, 지분율에 상당하는 공시가격 6억 원 수도권 밖은 3억 원 이하인 주택을 상속받으면 기간에 제한 없이 주택수 산정에서 제외됩니다.

 세알못 또 주택수 산정에서 제외되는 주택이 있나요?

 택스코디 지방에 소재한 저가주택 (주택공시가격이 3억 원 이하이면서 수도권이 아닌 지역에 소재하는 주택을 말하는 것)도 주택수 산정에서 제외됩니다. 종합부동산세 계산을 위한 1세대 1주택자 판정시 일시적 2주택, 상속주택과 지방 소재 저가주택은 주택수에서 제외될 뿐, 종합부동산세 과세표준 계산 시 주택공시가격은 합산되는 것을 숙지하고 있어야 합니다.

최대 수혜자는 조정대상지역 2주택자이다

2023년 6월부터 종합부동산세법 개정안이 적용되면서 주택 소유자들의 종합부동산세 부담이 2022년보다 크게 줄어듭니다. 기본공제액 상향, 2주택자 중과 폐지 등의 내용을 담은 개정안에 따른 최대 수혜자는 서울 등 조정대상지역의 주택을 2채 보유한 사람들 또는 부부 공동명의의 1주택자들입니다.

종합부동산세를 예상 시뮬레이션해 보면 서울 양천구 목동신 시가지 7단지 전용 74m^2와 송파구 잠실동 리센츠 전용 84m^2를 보유한 2주택자의 2022년 종합부동산세 농어촌특별세 포함 는 4,118만 원이었지만, 2023년에는 830만 원으로 대폭 줄어듭니다. 종합부동산세가 약 80% 감소하는 셈입니다.

이같이 2주택 보유자의 종합부동산세가 1년 새 큰 폭으로 줄어드는 건 2023년부터 중과세율이 아닌 일반세율을 적용받기 때문입니다. 종부세법 개정안에 따르면, 기존 2주택자들은 조정대상지역의 주택을 보유하면 중과세율 1.2~6.0% 로 종부세를 냈지만, 이를 인하된 새로운 기본세율 0.5~2.7% 로 전환해 적용토록 했습니다. 개정 전 현행 기본세율은 0.6~3.0%지만 하향 조정됐습니다.

그리고 3주택 이상 다주택자도 합산한 과세표준이 12억 원 이하이면 중과세를 면제받게 됩니다. 그동안은 1.2~6% 세율을 적용했는데 0.5~2.7%로 낮아집니다. 종합부동산세 중과세에 따른 세 부담이 급증하는 것을 막기 위해 주택의 합산 과세표준 12억 원 공시가격 24억 원, 현 시세 34억 8,000만 원 이하면 1주택자와 같은 낮은 세율을 적용한다는 것입니다.

개정된 주택분 종부세율

과세표준	2021년~2022년		2023년 개정 일반세율
	일반	다주택	
3억 원 이하	0.6	1.2	0.5
3~6억 원	0.8	1.6	0.7
6~12억 원	1.2	2.2	1.0
12~25억 원	1.6	3.6	1.3
25~50억 원			1.5
50~94억 원	2.2	5.0	2.0
94억 원 초과	3.0	6.0	2.7

다주택자	조정대상지역 여부 상관없이 3주택 이상 보유자		
3주택 이상 합산 과표 12억 원 이하	일반세율(0.5~2.7%) 적용	3주택 이상 합산 과표 12억 원 초과	중과세율(2.0~5.0%) 적용

과세표준 12억 원이면 공시가격으로는 24억 원입니다. 공시가격이 24억 원이면 기본공제액 9억 원을 뺀 금액이 15억 원이 되고, 여기에 공정시장가액비율 80%을 곱해서 나오는 과세표준이 12억 원이기 때문입니다.

부부 공동명의로 1주택을 소유한 이들의 세부담도 2주택자 못지않게 줄어듭니다. 2022년부터 종합부동산세 기본공제 금액이 현행 공시가격 6억 원에서 9억 원으로 상향되면서 부부 합산 공제액도 12억 원에서 18억 원으로 올라갑니다. 이는 2022년 공시가격 현실화율 81.2%를 적용하면 시가 약 22억 원 수준입니다. 이렇듯 종합부동산세 기준선이 올라감에 따라 2022년에는 종합부동산세를 냈지만, 2023년에는 납부금액이 '0원'인 1주택자들도 다수일 것입니다.

이처럼 종합부동산세가 줄어든 이유는 세법개정뿐 아니라 공시가격의 하락도 영향을 미쳤기 때문입니다. 2022년 12월 표준단독주택 및 표준지 공시가격을 보면 현실화율 시세 대비 공시가격 비율 이 2020년 수준으로 되돌아갔습니다. 과세표준이 되는 공시가격이 하락하면서 내야 할 종합부동산세도 함께 줄어드는 것입니다.

다만 이른바 '똑똑한 한 채'를 가지고 있는 1주택자의 경우 오히려 종합부동산세가 늘어날 수도 있습니다. 비록 종합부동산세 대상 1가구 1주택자의 과세기준이 현행 공시가격 11억 원에서 12억 원으로 완화됐지만, 앞서 정부가 공정시장가액비율을 2022년 60%에서 2023년 80%로 높이겠단 방침을 밝혔기 때문입니다.

CHAPTER 04

TAX

임대수익을
최대로 끌어올리는
절세 비법

주택임대소득세 납부 대상은 누굴까?

세알못 주택임대소득세 납부 대상은 어떻게 되나요?

택스코디 월세 임대수입이 있는 2주택 이상인 자와 전세보증금 등의 합계액이 3억 원이 넘는 3주택 이상인 자가 대상입니다. 다만, 기준시가 12억 원(종전 9억 원)이 넘는 고가주택이나 해외 주택을 소유한 사람은 월세를 준 1주택자도 세금을 내야 합니다. 전용면적 40㎡ 이하이면서 기준시가 2억 원 이하인 소형 주택에 전세를 놓은 집이면 2023년까지 과세대상에서 제외됩니다.

세알못 집 한 채를 샀는데 아직 결혼하지 않아 집을 세주고, 본인은 부모님 집에 살 경우에도 임대소득세 과세대상인가요?

택스코디 임대소득 과세를 할 때 판단하는 주택수는 부부 합산 기준입니다. 따라서 부모 등 직계존비속과 동거하더라도 주택수에 포함하지 않습니다. 본인 주택이 기준시가 12억 원(종전 9억 원)을 초과한 고가주택이고 월세를 놓은 집이 아니면 소득세를 내지 않아도 됩니다.

세알못 부부 합산으로 집을 4채 갖고 있지만, 3개는 전용면적 40㎡ 이하이면서 기준시가 2억 원 이하인 소형 주택이고 1개 주택은 기준시가 3억 원짜리 주택입니다. 4개 주택 모두 월세 없이 전세만 주고 있을 때도 임대소득세를 내야 하나요?

 택스코디 2023년까지 소형 주택은 주택수에 포함하지 않기 때문에 세금을 낼 필요가 없습니다. 그러나 소형 주택이라도 월세를 받고 있다면 세금을 내야 합니다.

 세알못 오피스텔을 임대해도 주택 임대소득 과세대상인가요?

 택스코디 임차인이 주거용으로 사용하면 주택 임대소득으로 과세합니다. 그러나 사무실 등 주거 이외 용도로 사용하면 상가임대소득으로 과세합니다.

 세알못 집이 2채이거나 12억 원이 넘는 고가주택 1채를 소유하면서 월세 없이 전세만 줬다면 소득세 신고를 해야 하나요?

 택스코디 이런 경우에는 월세 임대료 수입이 없으므로 소득세 신고대상이 아닙니다. 전세금은 부부 합산으로 3주택 이상일 때부터 과세대상입니다.

국내 소재 주택임대소득에 대한 과세 정리

주택수 부부합산	월세	전세
1채	비과세(고가 주택은 제외)	과세제외
2채	과세	
3채 이상	과세	(비소형 3채 이상 소유한 경우로서) 보증금 등의 합계액이 3억 원 초과하면 과세

분리과세란 무엇일까?

종합소득세는 말 그대로 모든 소득을 합쳐서 내는 세금입니다. 여기서 모든 소득이란 이자소득, 배당소득, 근로소득, 사업소득, 기타소득, 연금소득 등 여섯 가지를 말합니다. 종합소득세는 부의 재분배를 추구하는 목적이 있으므로 많이 버는 사람은 세금을 더 많이 내는 구조를 가집니다. 그러므로 소득 구간이 커질수록 세율도 높아지는 누진세율을 적용합니다.

세알못 은행에 돈을 맡기고 받는 이자소득에 15.4%를 세금으로 떼는데, 이미 세금을 거둬가고 왜 또 종합소득세를 거둬가나요?

택스코디 이자소득이 발생하면 금융회사에서는 일단 15.4%를 원천징수하고 나머지 금액만 통장에 입금됩니다.

납세자는 납세의무가 끝난 것이므로, 나중에 별도로 신고할 필요가 없습니다. 이처럼 납세자의 다른 소득과 합산하지 않고 납세의무가 종결되는 것을 분리과세라고 합니다. 그런데 금융소득이 2천만 원이 넘어가면 초과한 금액을 종합과세, 즉 종합소득에 합산하게 됩니다. 가령 근로소득이 3억 원이고 금융소득이 5천만 원이라면, 근로소득 3억 원에 금융소득 중 2천만 원을 초과한 3천만 원을 더해서 3억 3천만 원에 대한 종합소득세를 내야 합니다.

부동산을 타인에게 임대하고 이를 통해 얻는 소득을 임대소득이라고 합니다. 대표적으로 상가와 주택을 생각해볼 수 있습니다. 상가임대소득은 무조건 과세하므로 사업자는 모두 관할 세무서에 신고하고 사업자등록을 해야 합니다. 이와 비교해 주택임대소득은 2018년까지 2천만 원 이하의 수입금액에 대해서는 과세를 하지 않았습니다. 여기서 말하는 수입금액이란 보유한 주택 수에 따라 월세와 간주임대료를 더한 금액으로 필요경비를 제하기 전의 금액입니다.

2019년부터는 주택임대소득에 대해서 수입금액 2천만 원 이하이면 분리과세를 적용하고, 2천만 원을 초과하면 임대소득금액 전체가 종합소득세 합산됩니다. 종합과세가 됩니다. 참고로 상가 임대소득은 2천만 원을 넘든 안 넘든 금액 전체가 종합과세 됩니다.

부동산 임대사업자, 반드시 장부를 써야 할까?

　주택임대소득의 신고 방법은 크게 두 가지 경우로 나뉩니다. 전년도 월세 수입금액과 전세보증금에 대한 간주임대료를 합한 금액이 2,000만 원 이하라면 종합과세와 분리과세 중 선택해 신고할 수 있습니다. 반면 2,000만 원이 넘게 되면 무조건 종합과세 방식으로 신고해야 합니다. 종합과세 방식으로 신고할 때 절세를 위한 핵심은 비용을 인정받는 것입니다. 종합소득세의 산출 기준은 엄밀히 말해 '소득'이 아니라 '소득금액'이기 때문입니다.

　세법상 소득금액이란 단순히 벌어들인 금액이 아니라 번 돈_{수입}에서 나간 돈_{비용}을 제한 '남은 돈'을 의미합니다. 비용이 많을수록 종합소득세는 당연히 줄어들게 되죠. 여기서 잠깐. 중요한 것은 돈을 많이 썼다고 해서 모든 금액이 비용으로 인정받는 것은 아닙니다. 비용으로 인정받기 위해서는 형식에 맞춘 증빙이 필요합니다. 또 소득 규모와 사업자등록 여부에 따라 적합한 증빙의 형태도 다릅니다.

첫째, 대표적인 것이 장부를 이용한 소득신고, 즉 '장부신고'입니다. 장부신고란 어디에 얼마를 지출했는지 기록한 장부를 제출함으로써 비용을 증명하는 방법입니다. 장부신고는 두 가지로 나눕니다. 첫째는 '간편장부'로 지출 날짜와 지출항목과 금액 등 간단한 형식으로만 작성하는 장부입니다. 일정 규모 이하의 소규모 사업자는 간편장부만으로도 소득 신고를 할 수 있습니다.

둘째, '복식부기 장부'로 말 그대로 복식부기를 활용해 정식 장부를 작성하는 것입니다. 복식부기는 자산, 부채, 자본, 수익 등의 변화를 흔히 대차대조표라 불리는 재무상태표로 기록합니다. 회계적 지식이 필요하므로 회계 전문가의 도움을 받는 것이 좋습니다. 사업의 규모가 일정 수준 이상으로 커지면 간편장부로는 소득 신고할 수 없고, 반드시 복식부기를 통한 소득신고를 해야 한다는 점을 명심해야 합니다.

 세알못 그렇다면 부동산 투자를 하려면 반드시 장부를 써야 할까요?

 택스코디 꼭 그렇지만은 않습니다. 장부 없이도 소득신고를 하는 '추계신고'가 있습니다. 여기서 추계(推計)라는 한문은 '추정해서 계산한다'라는 뜻입니다.

이 방식은 비용을 정확히 얼마나 지출했는지는 알 수 없지만 '대략 이 정도를 썼을 것이다'라고 추정해 신고할 수 있습니다. 장부를 사용하기 현실적으로 쉽지 않은 영세사업자의 경우 추계신고만으로도 소득 신고할 수가 있죠. 추계신고도 장부 신고와 같이 두 가지 종류로 나뉩니다.

첫째는 단순경비율 적용입니다. 말 그대로 단순하게 경비의 일정 부분을 인정해준다는 뜻입니다. 전체 수입금액 중 일정 비율까지는 아무 증빙 없이도 인정해주는 방식으로, 얼마까지 인정하는지는 업종에 따라 다릅니다.

둘째는 기준경비율 적용입니다. 단순경비율과 비슷하지만 세 가지 경비 인건비, 매입비용, 임차료 등 에 대해서는 반드시 증빙을 갖춰야 합니다. 장부 신고와 추계신고를 나누는 기준은 납세자의 업종과 전년도 매출액입니다. 일정 기준의 매출액을 넘어서면 의무적으로 장부 신고를 해야 합니다.

정리해보면 매출액의 규모가 늘어나게 되면 추계신고 단순경비율 → 추계신고 기준경비율 → 장부신고 간편장부 → 장부신고 복식부기 장부 의 순서대로 소득신고 방법이 바뀐다고 볼 수 있습니다.

업종별	단순경비율 적용 대상자	기준경비율 적용 대상자	간편장부 대상자	복식부기 의무자	외부조정 대상자
농업·임업 및 어업,광업,도매 및 소매업,부동산매매업 등	6천만 원 미만	6천만 원 이상	3억 원 미만	3억 원 이상	6억 원 이상
제조업,숙박 및 음식점업,전기·가스·증기 및 수도사업, 하수 폐기물 처리·원료재생 및 환경복원업,건설업,운수업,출판·영상·방송통신 및 정보서비스업,금융 및 보험업	3,600만 원 미만	3,600만 원 이상	1억 5천만 원 미만	1억 5천만 원 이상	3억 원 이상
부동산임대업,전문·과학 및 기술 서비스업,사업시설관리 및 사업지원 서비스업,교육 서비스업,보건업 및 사회복지 서비스업,예술·스포츠 및 여가관리 서비스업,협회 및 단체,수리 및 기타 개인 서비스업,가구 내 고용활동	2,400만 원 미만	2,400만 원 이상	7,500만 원 미만	7,500만 원 이상	1억 5천만 원 이상

　　부동산 투자자들이 눈여겨봐야 할 것은 위 표에서 '부동산임대업'입니다. 임대사업자로 등록하지 않더라도 일단 임대소득이 발생하면 세무당국은 무조건 부동산임대사업자로 간주합니다. 부동산을 임대해서 받는 수입이 연 7,500만 원 이상이면 규모가 큰 사업자로 간주해 반드시 복식부기를 이용한 장부를 작성해야 합니다. 복식부기는 꼭 회계사나 세무사를 거쳐야 하는 것은 아니

지만, 작성 방식이 매우 복잡하므로 전문가의 도움을 받는 것이 현명합니다.

임대수입이 연 7,500만 원보다 적을 때에는 간편장부를 제출해도 됩니다. 간편장부는 가계부처럼 수입과 지출을 날짜 및 항목별로 기록합니다. 국세청 홈페이지에서 '간편장부양식'을 엑셀 파일 형태로 제공하고 있으니 활용하는 것도 좋은 방법입니다.

만약 장부 신고 대상자가 아니라면 추계신고를 해야 합니다. 임대수입이 연 2,400만 원 이상이면 기준경비율이 적용되므로 필수항목에 대한 증빙을 반드시 갖춰야 하고, 2,400만 원보다 적으면 단순경비율이 적용되므로 전체 수입금액만 있으면 됩니다.

단순경비율과 기준경비율이 얼마인지는 업종에 따라 달라집니다. 같은 부동산임대업이라도 주거용, 비주거용, 장기임대, 다가구 등에 따라 세분화됩니다. 매년 3월이면 국세청에서 그해의 종합소득세 신고 시 적용할 경비율을 고시하므로 국세청 홈택스 홈페이지에서 '기준 단순 경비율' 조회 코너를 이용하거나 납세자에게 보내는 종합소득세 안내문을 통해서 해당 업종코드를 확인하고 그에 따른 경비율을 참고하는 것이 좋습니다. 참고로 일반주택임대의 단순경비율은 42.6%이지만 장기일반민간임대의 단순경비율은 61.6%로 훨씬 큰 비용을 인정해줍니다.

종합과세와 분리과세 중
무엇을 선택할까?

내가 벌어들인 주택임대소득보다 타 경비들을 더 많이 지출해 적자가 나는 경우가 있습니다. 주택 이자 비용, 종합부동산세 등을 내고 나면 수입보다 지출이 오히려 더 많아지는 상황이 그런 경우입니다. 많은 납세자는 '분리과세'가 유리할 것으로 판단하고 주택임대소득을 분리과세로 신고하곤 합니다. 그런데 분리과세보다 종합과세의 방법으로 신고하는 게 유리할 때가 있습니다.

주택임대 사업자는 주택임대수입금액이 2,000만 원 이하라면 종합과세와 분리과세 중 선택하여 신고할 수 있으며, 2,000만 원을 초과하는 경우 다른 종합과세 대상 소득과 합산해 신고해야 합니다. 1주택자의 경우 기준시가 12억 원 종전 9억원 을 초과하는 주택의 월세 수입을, 2주택자의 경우 모든 월세 수입을, 3주택자의 경우에는 모든 월세 수입과 전세금 합계가 3억 원을 초과하면 과세합니다.

분리과세를 선택할 경우 임대수입금액에 일정 비율의 필요경비를 적용받고, 일정 금액의 공제금액을 차감한 주택임대사업 소득금액에 타 소득 여부를 불문하고 14%의 비례세율을 적용받습니다. 반면 종합과세의 경우 임대수입금액에 임대수입과 관련한 경비를 공제받을 수 있습니다. 이에 따라 임대사업에서 발생한 수입금액보다 필요경비가 더 많은 경우에는 적자가 발생해 15년간 소득금액에서 공제받을 수 있죠. 혹은 타 소득이 있는 경우에는 합산해서 공제도 가능합니다.

주택임대소득이 있는 근로자라면 연말정산을 해 기납부한 세금이 있는 경우 근로소득에서 공제를 받고 환급도 받을 수 있습니다. 또 이미 신고한 부분에 대해서 과거 5년까지는 경정청구를 통해 낸 세금을 환급받을 수도 있습니다.

세알못 주택임대소득과 근로소득이 둘 다 있는 직장인입니다. 총급여 1억 1,000만 원에서 근로소득공제액을 차감한 근로소득금액은 1억 원입니다. 연말정산으로 낸 세금은 세액공제 510만 원을 뺀 1,500만 원입니다. 주택임대소득은 월 50만 원씩 총 600만 원에 지급한 이자는 800만 원, 공인중개사 수수료가 40만 원입니다. 지자체 미등록 주택임대사업자로서 임대주택에 대한 종부세는 300만 원, 재산세는 60만 원을 냈죠. 분리과세와 종합과세, 어떤 게 유리할까요?

택스코디 만약 분리과세를 선택해 세금을 낸다면 주택임대수입금액 600만 원에 필요경비 300만 원을 빼고 나온 과세표준 300만 원에 14%의 세율을 곱해 42만 원의 세금을 부과받게 됩니다. 여기에 지방소득세 4만 2,000원을 더해 총 46만 2,000원의 세금을 내야 하죠.

그런데 종합과세를 선택한다면 세금은 크게 달라집니다. 주택임대수입금액 600만 원에 필요경비 1,200만 원을 제하고 여기에 근로소득금액 1억 원 임의산정 을 더하면 총 종합소득금액은 9,400만 원이 됩니다. 여기에 세율 35%를 적용하면 총 1,800만 원의 산출세액이 나옵니다. 여기서 510만 원을 세액공제하고 난 금액인 1,290만 원이 결정세액이 됩니다. 여기서 연말정산을 통해 기납부한 세액인 1,500만 원을 공제하면 환급받을 세액은 210만 원이 됩니다. 여기에 지방소득세 21만 원을 더하면 총 환급세액은 231만 원이 됩니다.

따라서 분리과세를 택한다면 462,000원을 내야 하고 종합과세를 선택하면 오히려 231만 원을 돌려받게 됩니다. 세알못 씨의 경우에는 수입금액보다 이자를 비롯한 경비가 더 많은 상황이라 종합과세를 택하는 것이 유리합니다. 어떤 과세방법을 적용받느냐에 따라 세액 차이가 크게 날 수 있으므로 자신에게 맞는 절세 방법을 수립해 나가는 것이 필요합니다.

주택임대업 필요경비에는 어떤 것이 있나?

주택임대업자도 다른 사업자와 마찬가지로 소득금액을 파악할 수 있도록 증명서류 등을 갖춰놓고 그 사업에 관한 모든 사실이 객관적으로 파악될 수 있도록 장부에 기록·관리하여야 하며 필요경비 역시 수입금액과 마찬가지로 장부에 기록한 내용을 바탕으로 계산합니다.

필요경비 계산은 해당 과세기간의 총수입금액에 대응하는 비용으로서 일반적으로 용인되는 통상적인 것의 합계액을 주택임대소득의 필요경비로 봅니다. 이 경우 해당 과세기간연도 전의 총수입금액에 대응하는 비용이지만 그 과세기간연도 에 확정된 것에 대해서는 그 과세기간연도 전에 필요경비로 계상하지 않은 것만 그 과세기간의 필요경비로 봅니다.

세알못 주택임대업 필요경비에는 어떤 것이 있나요?

택스코디 크게 4가지로 구분됩니다. 다음과 같습니다.

- 임대용 주택에 대한 비용: 임대용 주택의 현상유지를 위한 수선비, 관리비와 유지비, 임대용 주택에 대한 임차료, 임대용 주택의 손해보험료
- 사업과 관련이 있는 제세공과금
- 총수입금액을 얻기 위해 직접 사용된 부채에 대한 지급이자
- 임대용 주택의 감가상각비

 세알못 주택 취득 시 담보대출을 받았다면 지급 이자에 대해 임대소득금액 계산 시 필요경비 처리가 가능한가요?

 택스코디 주택임대 총수입금액을 얻기 위하여 직접 사용된 부채에 대한 지급이자는 필요경비에 산입할 수 있습니다. 다만 채권자가 불분명한 사채이자는 제외합니다.

참고로 소득세법에서는 사업자에게 복식부기에 의해서 사업의 내용을 기록할 것을 요구합니다. 그러나 주택임대업의 경우 해당 과세기간에 신규로 주택임대업을 개시하였거나, 직전 과세기간의 수입금액이 7,500만 원에 미달하면 복식부기가 아닌 간편장부에 의한 기록도 가능합니다. 이를 간편장부대상자라고 합니다.

또 수입금액이 2,400만 원에 미달하면 추계신고 단순경비율

적용이 가능합니다. 단순경비율에 의한 소득금액의 계산은 기준경비율을 이용하는 경우와 비교해 매우 단순합니다. 수입금액에 단순경비율을 곱한 금액을 필요경비로 인정하고 그 나머지 금액을 소득금액으로 인정합니다.

- 소득금액 = 수입금액 − (수입금액 × 단순경비율)

주택임대소득의 종합과세 선택시 세액의 계산은 다른 세금과 마찬가지로 과세표준에 세율을 곱해 계산합니다. 과세표준의 계산은 주택임대 수입금액에서 주택임대 필요경비를 뺀 주택임대 소득금액에 종합과세 대상 다른 소득금액을 더하고 여기에 소득공제를 빼서 구합니다.

이렇게 구한 과세표준에 아래의 종합소득세율을 적용하여 산출세액을 구합니다. 납세자가 최종적으로 내야 하는 결정세액은 산출세액에서 의료비 세액공제, 교육비 세액공제 등 각종 공제·감면세액을 공제하여 계산합니다.

또 종합소득세 최종 내야 할 세액의 10% 상당액을 별도로 지방소득세로 내야 합니다.

소득세 과세표준 구간 조정 2023년 개정

과세표준 단위: 만 원	세율
1,400만 원 이하	6%
1,400만 원 초과 ~ 5,000만 원 이하	15%
5,000만 원 초과 ~ 8,800만 원 이하	24%
8,800만 원 초과 ~ 1억 5천만 원 이하	35%
1억 5천만 원 초과 ~ 3억 원 이하	38%
3억 원 초과 ~ 5억 원 이하	40%
5억 원 초과 ~ 10억 원 이하	42%
10억 원 초과	45%

임대사업자 혜택 부활한다

'등록임대사업자 제도'는 임대사업자가 임대 기간 10년 이상 , 임대료 증가율 5% 이하 등의 요건을 지키는 대신 종합부동산세 합산배제 등의 혜택을 받는 제도입니다.

민간건설 임대주택에 대한 양도소득세 과세특례 기한을 기존 2022년에서 2024년까지 연장하는 내용을 담은 '조세특례제한법' 개정안이 국회에 제출됐습니다. 이 기간 민간 건설임대주택으로 등록하는 임대사업자는 일정 요건을 채우면 양도소득의 70%에 대해 장기보유특별공제를 비롯해 양도세 중과배제, 종합부동산세 합산배제 등의 혜택을 받을 수 있습니다.

그동안 시장에선 제도의 실효성을 높이려면 아파트를 포함해야 한다고 지적해 왔으나, 정부는 시장 불안을 이유로 다세대주택 등 비아파트에 대한 장기 등록임대사업만 허용했습니다. 그러나 2022년 들어 주택 거래가 끊기고 집값 하락기에도 보유세 부담이 과중하다는 논란이 나오자 아파트 등록임대사업자 부활이 유력해진 상황입니다. 따라서 국민 평형으로 불리는 $85m^2$ 아파트를 매입해 임대사업자로 등록하는 것이 허용될 예정입니다. 아파트 임대사업자 제도가 다시 도입되는 것입니다. 임대사업자의 규제지역 종합부동산세 합산배제와 양도소득세 중과배제도 되살리고 취득세 감면제도를 새로 도입해 혜택을 늘릴 예정입니다.

민간 등록임대 제도 복원

구분		종전 2020년 7월 전면 축소	개선
단기 (4년)	건설임대	폐지	-
	매입임대	폐지	-
장기 (10년)	건설임대	존치	-
	매입임대	축소(비아파트만 허용)	복원(85㎡ 이하 아파트)

주택임대사업자에 대한 세제 혜택도 복원될 예정입니다. 구체적으로 매입 임대사업자는 양도소득세가 중과 법인은 법인세 20%포인트 추가과세 가 되지 않고 종합부동산세는 합산배제하는데, 종전에는 조정지역 내 주택에는 이 혜택을 주지 않았습니다.

이런 혜택이 복원되어 수도권 6억 원 이하, 비수도권 3억 원 이하의 등록 임대주택은 규제지역 여부와 상관없이 세제 혜택을 적용받게 됐습니다. 또 의무임대 기간을 10년에서 15년으로 연장할 때엔 세제 혜택을 받을 수 있는 주택의 금액 기준을 수도권 9억 원, 비수도권 6억 원으로 높이는 방안도 추진할 예정입니다.

그리고 새로 아파트를 매입해 임대하는 사업자에게는 주택 규모에 따라 취득세를 최대 전액 감면한다는 방침도 세웠습니다. $60m^2$ 이하는 85~100%, $60~85m^2$ 규모는 50%의 취득세가 감면될 예정입니다.

민간 등록임대 추가 및 복원된 인센티브

세제	신규 아파트(60~85㎡) 매입임대 사업자에 50~100% 취득세 감면
	조정대상지역 내 매입임대주택 등록 시 양도세 중과배제 및 종부세 합산 배제
	법인이 매입임대주택 등록시 법인세 추가과세(양도차익의 20%p) 배제
	의무임대기간 10년→15년 확대 시 세제 인센티브 주택가액 요건 추가 3억 원 완화
대출	등록임대사업자 규제지역 내 LTV 상한, 일반 다주택자보다 확대 추진

CHAPTER 05

TAX

따라 하기만 하면 되는 양도소득세 절세

갭투자자들이 집을 매수하고 2년 동안 팔지 않는 이유는 뭘까?

양도소득세 비과세를 적용받기 위해서는 다음의 조건을 만족해야 합니다.

① 1주택자여야 한다.

② 보유기간 조정대상지역이면 거주기간 2년을 넘겨야 한다.

③ 12억 원까지는 비과세 적용이 가능하다.

 세알못 '보유기간'이 무엇이죠?

 택스코디 부동산을 사고, 팔기까지 '얼마나 보유하고 있었냐'를 말하는 기간입니다.

 세알못 사고, 파는 날짜의 기준은요?

 택스코디 잔금일 및 등기접수일 중 빠른 날을 기준으로 합니다. (일반적으로는 잔금 일에 소유권이전등기를 합니다).

세알못 매수에서 매도하기까지 2년이라는 시간이 지나고 나서 팔아야 비과세를 적용받을 수 있다고 이해하면 되는 거죠. 그렇다면 2년 미만 보유하는 경우 양도소득세는 얼마나 내죠?

 택스코디 아래 표를 참고하세요.

보유기간	주택, 입주권	분양권
1년 미만	70% (2024년부터 45% 조정 예정)	70% (2024년부터 45% 조정 예정)
1년 이상 2년 미만	60% (2024년부터 기본 세율 조정 예정)	60% (2024년부터 기본 세율 조정 예정)
2년 이상	기본세율	60% (2024년부터 기본 세율 조정 예정)

지방소득세 10% 별도

예를 들어, 주택을 1년 미만 보유했다면, 양도차익의 70%를 세금으로 내야 합니다. 1억 원의 양도차익이 생겼다면 7천만 원이 세금입니다 지방소득세 10% 별도.

정리하면, 2년 미만으로 집을 보유하고 팔게 되면 양도소득세율이 정말 높은 것을 알 수 있습니다. 따라서 개인으로 갭투자 시 2년은 지나고 집을 팔려고 하는 것입니다.

 세알못 '거주기간'은 무엇이죠?

택스코디 부동산을 사서 팔게 되기까지 '그 집에 직접 거주를 해야 인정되는 기간'을 말합니다.

 세알못 그렇다면 집주인이 직접 살아야 하나요?

 택스코디 네. 그러므로 전세나 월세를 맞춘 기간은 거주기간에서 제외됩니다.

 세알못 거주기간을 산정하는 기준은요?

 택스코디 주민등록등본에 따른 전입일부터 전출일까지를 기준으로 합니다. 한 마디로 전입신고를 해야만 거주기간이 인정된다는 뜻입니다. 참고로 조정지역 내 1주택 비과세를 적용받기 위한 거주기간은 2년입니다.

1세대 1주택자는 세금 걱정이 없다?

주택의 양도차익에는 양도소득세가 부과되지만, 집이 딱 한 채만 있는 1세대 1주택자에게는 양도소득세가 면제됩니다. 바로 1세대 1주택 양도소득세 비과세 제도입니다. 집 한 채를 팔았는데 양도소득세가 많이 나오면 새로운 집을 사서 이사하기가 어려워질 수 있습니다. 세금으로 거주이전을 위협받지 않도록 보장해주는 것입니다. 하지만 1세대 1주택 비과세 규정도 생각만큼 단순하지 않습니다.

일반적으로 1세대 1주택자라면 당연히 비과세라고 생각하지만, 일정 기간 보유해야 하고, 일부 거주요건이나 가족의 전입 요건까지 갖춰야만 비과세를 받을 수 있는 등 복잡해졌습니다. 정부가 주택시장 대책을 내놓을 때, 다주택자뿐만 아니라 1세대 1주택자 비과세에 관한 규정도 수시로 바뀌왔기 때문입니다.

1세대 1주택자이지만 보유 주택은 다른 사람에게 전세나 월세를 주고 본인은 또 다른 집에 세를 들어 사는 경우가 있습니다. 보유 주택의 지역과 직장이 너무 멀거나 분양을 받았는데 당장 들어가서 살기 어려운 상황이 대표적입니다. 그래서 적지 않은 1주택자들이 이런 전·월세살이를 합니다.

하지만 조정대상지역에서는 이런 경우 비과세를 적용받지 못할 수 있습니다. 2017년 9월 19일부터 조정대상지역에서는 1세대 1주택자라도 보유뿐만 아니라 거주까지 2년 이상 해야만 비과세 대상이 되기 때문입니다.

1세대 1주택 비과세의 보유와 거주요건은 이미 여러 차례 개정을 거듭했습니다. 과거에는 1세대가 1주택을 3년 이상 보유하면 양도소득세 비과세를 적용받을 수 있었지만, 2012년 이후에는 2년 이상만 보유해도 되는 것으로 바뀌었습니다.

그런데 2017년 8·2 대책으로 그해 9월 19일부터 조정대상지

1세대 1주택 양도소득세 비과세 요건 변화

개정	내용
1994년 12월 31일	1주택을 3년 이상 보유
2002년 10월 1일	1기 신도시는 3년 이상 보유하고 1년 이상 거주
2003년 11월 20일	1시 신도시는 3년 이상 보유하고 2년 이상 거주
2012년 6월 29일	1주택을 2년 이상 보유
2017년 9월 19일	조정대상지역은 2년 이상 보유하고 2년 이상 거주

역에 한해 2년 이상 보유 외에 2년 이상 거주도 비과세 요건으로 추가됐습니다. 과거 2002년과 2003년에 일산과 분당, 과천 등 1기 신도시를 대상으로 1~2년 거주요건을 내걸었던 것이 조정대상지역에서 부활한 셈입니다.

일시적 2주택자 비과세 요건 어떻게 바뀌었나?

집이 1채뿐이지만 이사를 하다 보면 살던 집과 새로 들어갈 집이 일시적으로 내 집이 되는 2주택 상황이 발생할 수 있습니다. 이렇게 이사를 위해 일시적으로 2주택이 되는 상황에도 비과세 혜택을 받을 수 있습니다. 1세대 1주택 비과세제도의 취지가 반영된 일시적 2주택 특례입니다. 이런 경우 종전 주택을 정해진 때, 팔아야 하는 요건을 꼭 지켜야 합니다. 제때 팔지 않으면 비과세 혜택을 주지 않습니다. 사실상 다주택자로 보는 것입니다. 그런데 종전 주택 처분기한도 수시로 바뀌면서 납세자들을 혼란에 빠뜨렸습니다.

과거 1년이던 종전 주택 처분기한은 2008년 이후 2년으로, 2012년에 다시 3년으로 연장됐습니다. 하지만 2018년에 다시 조정대상지역에 한해 3년에서 2년으로 기한이 단축됐고, 불과 1년 뒤에는 다시 2년에서 1년으로 줄었습니다. 심지어 조정대상지역에서는 세대원 전원이 1년 안에 이사하고 전입신고까지 마쳐야 한다는 요건도 덤으로 붙었습니다.

보통은 이사할 집과 살던 집의 거래가 동시에 이뤄지므로 1년도 충분할 수 있습니다. 하지만 시장 상황이 어려워지면서 1년 안에 종전 주택이 팔리지 않는 경우도 생겼습니다. 결국 2022년 5월, 조정대상지역 종전 주택 처분기한은 다시 2년으로 확대됐습니다.

이사 외에 상속이나 결혼, 부모봉양 탓에 일시적으로 2주택이 된 경우에도 비과세를 허용하고 있지만, 그 기준 역시 수시로 개정됐습니다. 덕분에 집이 한 채뿐인 사람들도 대부분 양도소득세

일시적 2주택자 비과세 요건 변화

개정	내용
1998년 4월 1일	일시적 2주택 종전주택 양도기한 1년 → 2년 연장
2002년 3월 30일	일시적 2주택 종전주택 양도기한 2년 → 1년 단축
2008년 11월 28일	일시적 2주택 종전주택 양도기한 1년 → 2년 연장
2012년 6월 29일	일시적 2주택 종전주택 양도기한 2년 → 3년 연장
2017년 9월 19일	조정대상지역은 2년 이상 보유하고 2년 이상 거주
2018년 9월 14일	조정대상지역 일시적 2주택 종전주택 양도기한 3년 → 2년 단축
2019년 12월 16일	조정대상지역 일시적 2주택 종전주택 양도기한 2년 → 1년 단축
2021년 1월 1일	1세대 1주택 판단시 분양권도 주택 수에 포함
2022년 5월 10일	조정대상지역 일시적 2주택 종전주택 양도기한 1년 → 2년 연장

를 걱정합니다. 언제 이사해야 하고, 언제 살던 집을 팔아야 하는
지를 꼼꼼히 체크하지 않으면 예상하지 못한 금액의 양도소득세
를 낼 수도 있기 때문입니다.

분양권도 비과세 가능할까?

 세알못 2021년 6월에 결혼한 부부입니다. 아내인 제가 2017년 2월에 취득한 분양권이 있었고, 2019년에 완공 후 입주했습니다. 이 집이 신혼집입니다. 그런데 남편도 결혼 전에 취득한 주거용 오피스텔 분양권이 있습니다. 이 분양권이 2023년 11월에 완공되는데요. 결혼으로 2주택이 되는 경우 5년 안에 팔면 양도세 비과세가 가능하다고 하던데, 둘 중 하나를 팔면 저희도 비과세가 되나요?

 택스코디 주택을 보유한 사람이 1주택을 보유한 사람과 혼인해서 1세대가 2주택이 된 경우, 혼인한 날로부터 5년 이내에 먼저 양도하는 주택에 대해 양도소득세를 비과세합니다.

그런데 남편이 보유하고 있는 분양권은 준공 후 잔금지급일에 주택을 취득하게 되는 것이므로 혼인 합가에 따른 비과세 특례가 아닌 일시적 2주택 특례로 비과세를 적용해야 할 것으로 판단됩니다.

세알못 2017년 3월에 취득한 서울집이 있고, 2021년 10월에 충남 당진의 아파트 분양권을 취득했습니다. 2023년 7월에 분양권을 팔면 양도세 중과세가 없는 것인가요?

 택스코디 아파트 분양권은 조정대상지역 여부를 불문하고, 60%(2024년부터 기본 세율 조정 예정)의 양도세율을 적용합니다. 보유기간이 1년 미만이면 세율이 70%(2024년부터 기본 세율 조정 예정)입니다.

만약 2017년에 취득한 서울집을 당진의 분양권보다 먼저 양도한다면 비과세를 적용받을 수 있습니다. 분양권 취득일 3년 이내에 양도한다면 일시적인 1주택·1분양권으로 양도세 비과세가 가능합니다.

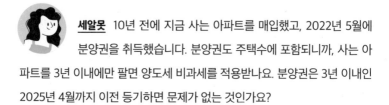 **세알못** 10년 전에 지금 사는 아파트를 매입했고, 2022년 5월에 분양권을 취득했습니다. 분양권도 주택수에 포함되니까, 사는 아파트를 3년 이내에만 팔면 양도세 비과세를 적용받나요. 분양권은 3년 이내인 2025년 4월까지 이전 등기하면 문제가 없는 것인가요?

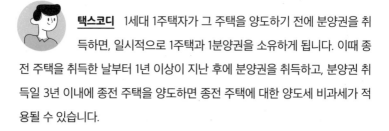 **택스코디** 1세대 1주택자가 그 주택을 양도하기 전에 분양권을 취득하면, 일시적으로 1주택과 1분양권을 소유하게 됩니다. 이때 종전 주택을 취득한 날부터 1년 이상이 지난 후에 분양권을 취득하고, 분양권 취득일 3년 이내에 종전 주택을 양도하면 종전 주택에 대한 양도세 비과세가 적용될 수 있습니다.

분양권으로 취득하는 주택이 완성되는 경우에는 완성된 후 2년 이내에 그 주택으로 세대 전원이 이사해서 1년 이상 계속 거주하고, 분양권으로 취득하는 주택이 완성되기 전이나 완성된 후 2년 이내에 종전 주택을 양도해야 비과세

가 적용됩니다.

 세알못 조정대상지역이 아닌 지역의 주택을 보유하다가 조정대상지역이 아닌 지역의 분양권을 분양받았습니다. 지금은 두 집 모두 조정대상지역으로 바뀌었습니다. 분양받은 주택의 취득시기는 분양계약일로 보는지 잔금 지급일이나 등기일로 보는지 궁금합니다.

 택스코디 과세대상 주택의 취득시기와 양도시기는 계약일과는 관련이 없으며, 일반적으로 대금청산일(잔금일)이 되는 것입니다. 다만 대금청산일이 분명하지 않거나 대금청산일 전에 소유권이전등기를 한 경우에는 등기접수일이 취득일이 됩니다.

 세알못 일요일에 분양권을 사게 됐는데요. 파는 쪽에서 인지세를 당일에 내야 한다는데, 다음날인 월요일에 인지세를 내도 될까요?

 택스코디 부동산 매매계약서는 인지세 과세문서로 해당 문서를 작성할 때, 인지세를 내는 것입니다. 다만, 세법상 납부기한이 공휴일이면 공휴일 다음 날을 납부기한으로 하는 것이므로 다음날까지 내면 됩니다.

다주택자 팔까? 줄까? 버틸까?

 세알못 다주택자입니다. 매년 바람 잘 날 없었습니다. 2017년엔 8·2대책을 통해 투기지역 및 투기과열지구를 지정해 대출규제를 강화하며 추가 주택 구입을 못하게 막고, 다주택자의 양도세율을 최대 40%에서 60%까지 올렸습니다. 2018년엔 9·13대책을 통해 규제지역 다주택자의 종합부동산세를 최고 2.0%에서 3.2%까지 높였습니다.

다주택자들의 매물이 시장에 다수 나오면 집값 상승에 제동이 걸릴 거라 보고 2019년엔 12·16대책에서 종부세 세부담 상한을 올리는 대신, 조정대상지역 내 다주택자가 6개월 내로 10년 이상 보유한 주택을 팔면 양도세 중과를 배제하고 장기보유특별공제를 적용해주겠다며 일종의 '당근'을 주기도 했습니다.

2020년부터는 다시 매섭게 채찍질을 했습니다. 6·17대책을 통해 다주택자에 대한 양도세 중과, 종부세 추가 과세, 분양권 전매 제한 등을 적용하기로 했습니다. 2021년 7·10대책은 취득세, 종부세, 양도세를 한꺼번에 올리는 '끝판왕' 카드를 내놨습니다. 그 결과 현행 취득세율은 최고 12%, 종부세율은 최고 6%, 양도세율은 최고 75%(지방세까지 포함하면 82.5%)에 달합니다.

정말 숨통을 조이는 느낌입니다. 그래서 저는 어떻게 했을까요? 안 팔았습니다. 양도세도 부담입니다. 정부는 양도세 중과 시점인 2021년 6월 1일 전에 다주택자들이 매물을 내놓을 거라고 예상했었습니다. 저뿐만 아니라 제 주위 다주택자들 대부분이 버텼습니다. 기존 양도세도 높은 수준이었기 때문입니다. 물론 고민이 되긴 했습니다. 투기 세력 취급당하는 것도 지겹고 매년 오르는 세금을 내기도 버거운 것도 사실입니다. 실거주 외 주택들은 모두 처분하고 '똘똘한 한 채'만 가져갈까 생각을 하기도 했습니다.

택스코디 팔지 않고 버틴 게 다행인 것 같습니다. 2023년부터 전국 모든 2주택자가 종합부동산세를 낼 때 중과세율이 아닌 일반세율을 적용받고, 과세표준 12억 원을 넘지 않으면 3주택 이상 다주택자도 중과세율을 적용받지 않기 때문입니다. 지금처럼 보유세 부담이 줄고 부동산 가격도 오른다면 더할 나위 없는 모습 아닐까요.

최종 주택 양도소득세 비과세 기산일이 다시 바뀌다

 세알못 2015년과 2016년에 각각 A·B 주택을 취득했습니다. 올해 4월에 A 주택을 팔아 양도세를 냈고, 남은 주택을 11월에 10억 원에 양도하려 합니다. 비과세 혜택을 받을 수 있나요?

 택스코디 2022년 5월 31일 개정된 소득세법 시행령에 따라 5월 10일 이후 양도하는 1주택은 비과세를 판단할 때 종전 주택(A 주택) 양도일로부터 기산하지 않고 주택 취득 시점부터 취득일을 기산합니다. 그러므로 현재 남아 있는 주택은 1세대 1주택 비과세 규정을 적용받을 수 있습니다.

2021년부터 다주택자 규제가 강화되면서 1주택자에 적용되는 양도세 비과세 요건도 복잡해졌습니다. 기존 다주택자에서 1주택자가 됐다면 다음과 같은 비과세 요건을 알아둬야 합니다.

첫째, 1주택자에 대한 양도세 비과세 기본요건을 정확히 알아야 합니다. 기본 요건은 2년 이상 보유해야 한다는 점입니다. 그런데 2017년 8월 3일 이후 조정대상지역에서 취득한 주택이라면 보유 기간 중 2년 이상을 실제로 거주해야 합니다.

그러나 2022년부터 보유 기간을 인정하는 시점이 변경됐습니다. 종전에는 취득일이 아닌 1주택자가 된 시점부터 보유 시점을 따졌지만, 이제는 주택 취득일부터 보유 기간을 계산합니다. 따라서 주택 취득 이후 2년 이상 보유하기만 했다면 1주택자가 된 뒤 해당 집을 바로 팔아도 비과세 혜택을 받을 수 있습니다.

둘째, 다음과 같은 경우에도 취득일을 기준으로 보유 기간을 계산합니다. 이사, 상속, 혼인, 동거봉양 등의 이유로 일시적 2주택자가 된 사람입니다. 이때는 보유 기간을 취득일 기준으로 따집니다. 주택의 멸실, 가구 분리로 인해 1주택자가 됐을 때도 취득일 기준으로 보유 기간을 계산합니다.

또 비과세를 적용받지 못하게 되더라도 장기보유특별공제는 취득일부터 보유 기간을 따진다는 점도 염두에 둬야 합니다. 장기보유특별공제는 보유 기간이 3년 이상이면 연 2%씩 15년간 최대 30%를 공제받을 수 있는 제도입니다. 하지만 1주택자에 한해서는 보유한 기간만큼 연 4%씩, 10년간 최대 40%까지 공제를 받을 수 있습니다. 실제 거주한다면 추가공제도 가능한데 연 4%씩, 10년간 최대 40%를 적용받습니다. 거주기간이 10년 이상이라면 최대 80%를 공제받을 수 있는 셈입니다. 이러한 내용을 잘 참고한다면 양도세 부담을 줄일 수 있을 것입니다.

일반적일 때 장기보유특별공제율

보유 기간	3년~	4년~	5년~	6년~	7년~	8년~	9년~	10년~
	11년~	12년~	13년~	14년~	15년~			
공제율	6%	8%	10%	12%	14%	16%	18%	20%
	22%	24%	26%	28%	30%			

1세대 1주택 장기보유특별공제율

구분		3년~	4년~	5년~	6년~	7년~	8년~	9년~	10년~
공제율	보유기간	12%	16%	20%	24%	28%	32%	36%	40%
	거주기간	12%	16%	20%	24%	28%	32%	36%	40%
	합계	24%	32%	40%	48%	56%	64%	72%	80%

세알못 1세대 1주택자입니다. 보유기간이 3년 이상이고, 거주기간이 2년 이상 3년 미만일 때 공제율은요?

택스코디 '보유기간 3년: 12% + 거주기간 2년: 8% = 20%' 공제율이 적용됩니다.

당첨된 기쁨도 잠시, 세금폭탄이 기다린다?

직장인 A 씨는 2020년 5월 아파트 분양권 조정대상지역 에 당첨됐습니다. 이후 직장동료인 B 씨 역시 같은 지역의 다른 아파트 분양권을 2021년 7월에 당첨됐습니다. 그런 두 사람에게도 큰 고민이 생겼습니다. 둘 다 이미 다른 지역 조정대상지역 에서 2년 이상 거주 중인 아파트 한 채씩을 보유 중인데, 미리 고려하지 못했던 취득세와 양도소득세가 크게 발생할 수 있음을 알게 됐기 때문입니다.

주택을 취득하고 양도할 때는 해당 주택의 가치에 맞게 좋은 타이밍에 사고파는 것도 중요하지만, 그것 못지않게 세금을 신경 써야 합니다. 해당 사례의 경우 똑같이 거주 주택 하나와 분양권 하나를 보유하고 있지만, 취득세와 양도소득세 모두 각각 다르게 적용됩니다.

2021년 1월 1일 이후로 취득한 분양권은 주택수에 포함하고 있습니다. 따라서 2021년을 기준으로 이전에 취득한 분양권과 이후에 취득한 분양권은 세법상 적용되는 규정이 조금씩 다릅니다.

 세알못 구체적으로 어떻게 다른가요?

 택스코디 다음과 같습니다.

2021년 이전 취득한 분양권

2021년 이전에 취득한 분양권은 주택으로 보지 않습니다. 분양권 상태에서 주택이 될 때, 즉 분양권 잔금 청산일 혹은 등기일 중 빠른 날에 주택을 취득한 것으로 봅니다. 이 취득일을 기준으로 일시적 2주택 규정을 적용하면 되는데, 기본적으로 두 가지 조건이 있습니다. 첫 번째로는 종전 주택을 취득한 후 1년이 지난 후, 신규주택을 취득해야 한다는 점입니다. 두 번째로는 분양권 잔금청산 혹은 등기일 이후 일정 기간 내로 종전 주택을 양도해야 합니다. 그 기간은 종전 주택과 신규주택의 조정대상지역 여부에 따라 달라지는데 둘 중 하나라도 비조정대상지역에 위치하면 신규주택 취득일로 3년 이내에, 둘 다 조정대상지역에 위치하면 2년 이내에 양도하면 비과세를 적용받을 수 있습니다.

2021년 이후 취득한 분양권

2021년 이후로 취득한 분양권은 주택으로 봅니다. 이 경우에

는 분양권 당첨일 혹은 계약일 _{이하 취득일} 에 1주택을 취득한 것이
나 다름이 없어 일시적 2주택을 적용하면 분양권 취득 이후 2~3
년 이내로 종전 주택을 양도해야만 합니다. 하지만 해당 분양권
이 주택으로 2~3년 내로 바뀌지 않는 경우가 대부분이기 때문에
특별규정을 두고 있습니다. 먼저 분양권 취득일로부터 3년 이내
로 조정대상지역 여부와 관계없이 종전 주택을 양도하면 비과세
를 적용받을 수 있습니다. 만약, 3년 이내로 종전 주택을 양도하
지 못했다고 하더라도 비과세를 적용받을 수 있습니다. 분양권이
주택으로 준공 완료가 된 후 2년 내로 세대 전원이 이사해 1년 이
상 거주함과 동시에 종전 주택을 2년 이내로 양도하면 비과세를
적용받을 수 있습니다.

또 이전에는 주택수에 따른 고민은 양도할 때만 고민하면 됐
지만, 2020년 7월 이후로는 주택 취득 시 주택수에 따라 취득세
중과세를 적용받을 수 있으므로 고민거리가 더 늘어났습니다. 양
도소득세처럼 분양권 역시 주택으로 보는데, 2020년 7월 이후 취
득한 분양권만 이에 해당하게 됩니다. 따라서 적용하는 방식이
2020년 7월 이전과 이후로 적용되는 방식이 조금 다릅니다.

2020년 7월 이전 취득한 분양권 취득세

2020년 7월 이전에 취득한 분양권은 주택수에 따른 중과세율
을 적용받지 않습니다. 따라서 1~3%의 취득세 일반세율을 적용

받게 됩니다.

2020년 7월 이후 취득한 분양권 취득세

이때부터는 분양권 취득일 _{당첨일} 을 기준으로 주택수에 따라 세율이 정해집니다. 단, 이 경우에도 역시 일시적 2주택 규정을 적용받을 수 있습니다. 양도소득세와 마찬가지로 종전 주택과 분양권 중 하나라도 조정대상지역 내에 위치하지 않는다면 분양권이 주택이 되는 날을 기준으로 3년 이내에 종전 주택을 양도하면, 취득세 일반세율을 적용받을 수 있습니다. 만약 두 곳 모두 조정대상지역일 경우에만 2년 이내로 종전 주택을 양도해야 마찬가지로 일반세율을 적용받을 수 있습니다. 이때 신규주택 등기 시 일반세율로 먼저 취득세를 낸 후 정해진 기간 내로 종전 주택을 양도해야 하며, 만약 기간 내로 종전 주택을 양도하지 못하면 중과세를 적용했을 때의 세액을 추가로 내야 하며 기간에 따라 가산세를 물어야 합니다.

세알못 A 씨와 B 씨의 종전 주택 양도 기한은요?

택스코디 A 씨와 B 씨 아파트 분양권 잔금 일은 같게 2024년 1월 1일로 가정합니다.

취득세

2020년 7월 이전에 분양권에 당첨된 A 씨는 종전 주택을 양도 시기와 관계없이 취득세를 일반세율로 낼 것입니다. B 씨의 경우 2020년 7월 이후 B 분양권을 취득했으므로 B 분양권이 주택이 되는 날로부터 2년 이내, 즉 2026년 1월 1일 이전에 양도해야 취득세 중과세를 받지 않습니다.

양도소득세

A 씨와 B 씨 모두 2026년 1월 1일 이전에 종전 주택을 양도하면 1세대 1주택 비과세를 적용받을 수 있습니다. 단, B 씨의 경우 분양권을 2021년 이후로 취득했으므로 세대 전원이 신규 아파트로 전입해야 한다는 조건까지 맞추어야 비과세를 적용받을 수 있습니다.

해당 사례처럼 같은 '1주택 1분양권'이라고 하더라도 분양권의 취득 시기에 따라 적용받는 세법이 다릅니다. 그만큼 주택 관련 세금은 변화가 매우 잦은데, 빠르게 바뀌는 규정을 숙지 못해 잘못된 판단을 하면 추가로 부담해야 할 세금의 매우 큽니다. 따라서 주택을 취득하거나 양도할 때는 미리 잘 알아봐야 합니다.

보일러 교체는 되고 보일러 수리는 안 된다

집을 사고 팔 때 생긴 양도차익에는 양도소득세가 발생합니다. 이 때, 단순하게 살 때와 팔 때의 집값 차이만으로 세금을 계산하지는 않습니다. 주택을 취득할 때 들었던 각종 비용 중 일부는 차익에서 빼주고, 살면서 집의 가치를 높인 것으로 인정되는 각종 주택 수리비용 등도 제하고 세금을 계산합니다. 필요경비라고 하죠.

이 필요경비만 잘 챙겨도 양도소득세를 상당 부분 줄일 수 있습니다. 일부 비용은 필요경비 인정 여부를 판단하기가 어려운 것이 사실입니다. 특히 주택 전체적인 인테리어나 리모델링을 하고 입주하는 경우 각각 어떤 비용이 필요경비로 인정되는지에 대한 구분이 쉽지 않죠.

세법에서는 '자본적 지출'이라고 해서 자산가치를 상승시킨 지출에 대해서만 필요경비로 인정하도록 정하고 있습니다. 주택을 더 오래 쓸 수 있도록 내용연수를 늘리거나 일부를 새것으로 교체하는 수준의 의미 있는 수리만 필요경비로 인정한다는 뜻입니다. 정확하게는 개량과 확장, 증설 등만 인정됩니다.

예를 들어, 새로 사서 들어간 집이 비교적 신축이어서 도배와 장판 공사만 하고 입주했다고 한다면 그 비용은 필요경비에 포함되지 않습니다. 도배장판 정도로는 주택의 자산가치가 늘었다고 보기 어렵기 때문입니다.

하지만 베란다를 확장했거나 새시를 통으로 교체하고, 보일러를 새것으로 교체하는 등의 공사를 했다면 그 비용을 나중에 양도차익에서 제외할 수 있습니다. 그런데 집주인 입장에서 다소 애매한 때도 있습니다. 화장실 변기를 새것으로 교체하거나, 싱크대를 새것으로 바꾼다거나 한 경우입니다. 이 경우 집주인에게는 나름 큰 공사였지만, 필요경비로 인정은 받지 못합니다. 주택의 구조를 개량하거나 확장, 증설한 것이 아니기 때문이죠.

세알못 그렇다면 이런 개별적인 공사가 동시다발적으로 실시되는 리모델링의 경우에는 어떨까요. 욕실도 변기만 교체한 것이 아니라 배관도 바꾸고, 타일도 새 걸로 깔았으며, 싱크대뿐만 아니라 새시까지 교체할 수 있습니다.

택스코디 이렇게 복합적으로 인테리어나 리모델링이 진행됐을 때에는 전체 공사에 대해 계약하고, 비용도 한 번에 결제하는 것이 보통입니다. 하지만 이런 경우라도 리모델링 금액 전체를 필요경비로 넣어 양도세를 신고하면 안됩니다. 추후 국세청에서 비용인정을 받지 못해서 세금을 토해내는 경우도 있습니다. 전체 리모델링이라 하더라도 이왕이면 항목별 견적서를 참고해서 세무대리인을 통해 필요경비를 각각 구분해 신고하는 것이 필요합니다.

집을 사고 팔 때 들어가는 수수료 등 각종 부대비용도 필요경비에 포함될 수 있습니다.

우선 취득세 납부액이 필요경비에 해당합니다. 농어촌특별세와 인지세 등도 모두 필요경비입니다. 또 법무사 비용과 세무상담을 받은 세무사 수수료, 공인중개사에게 지급한 중개수수료도 양

주택 수리비용의 양도소득세 필요경비 인정 여부

O	X
새시 설치 · 교체	창문유리 교체
베란다 확장	베란다 타일 시공
욕실 확장	욕실 변기 교체
주방 확장	싱크대 교체
방 확장	조명 교체
상하수도 배관 교체	샤워부스 설치
보일러 교체	보일러 수리
붙박이장 설치	방범창 설치
태양광 설치	방수 공사
구조변경	외벽도색

도차익에서 뺄 수 있는 필요경비입니다.

공인중개수수료는 전월세의 경우는 인정되지 않고, 취득과 양도계약에서만 인정됩니다. 법정 수수료보다 초과해서 지급하는 경우, 초과지급액도 필요경비로 인정받을 수 있습니다. 주택 소유권을 확보하기 위한 소송비용이나 화해비용도 필요경비에 해당합니다. 오래된 주택은 재건축을 위한 철거비용도 필요경비에 포함됩니다.

하지만 취득세 등 세금을 늦게 납부해서 부담하는 가산세는 경비인정을 받지 못합니다. 은행 대출이자나 매매계약 위약금 등도 포함되지 않고, 양도거래에서 지출한 감정평가 수수료도 필요경비가 아닙니다. 필요경비에 해당하는 항목이라도 증빙은 필수입니다. 인테리어나 리모델링 공사를 할 때에는 세금계산서나 카

주택 부대비용의 양도소득세 필요경비 인정 여부

O	X
취득세	취득세 납부지연 가산세
법무 · 세무 · 중개사 수수료	감정평가 수수료
개발부담금	금융기관 대출이자
소유권확보 소송비용	매매계약 위약금
재건축 철거비용	임차인 퇴거 보상비용
취득 시 부담한 부가가치세	중도금 선납할인 비용

드영수증, 현금영수증과 같은 적격증빙을 받아두는 것이 필요합니다. 공사현장 사진이나 동영상이 도움이 될 수도 있죠. 법무사 수수료나 공인중개 수수료 등은 대부분 현금영수증 발급이 가능하니까 나중에 집을 팔 때까지 잘 챙겨둬야 합니다.

5월 중 급매? 시간 두고 처분할까?

 세알못 아파트 3채를 갖고 있는데, 고민이 많습니다. 주택수를 줄여야 할지, 판다면 언제 팔아야 할지를 두고서입니다. 아파트 값이 몇 년 새 많이 오르긴 했지만, 그에 따라 재산세와 종합부동산세 등 보유세도 급등했습니다. 그전까진 다주택자 양도소득세 중과 때문에 팔기도 부담스러웠지만 새 정부가 중과를 유예해주기로 하면서 선택지가 늘었습니다. 지금보다 양도세 부담을 절반 가까이 줄일 수 있다는 점에선 놓칠 수 없는 기회지만 조금 더 집값이 오를 수 있다고 생각하면 망설여지는 게 사실입니다.

택스코디 세알못 씨와 같은 고민에 빠진 다주택자들이 늘고 있습니다. 모처럼 양도소득세 부담 없이 집을 파는 기회가 찾아와서입니다. 이럴 때일수록 전략이 중요합니다.

정부는 2022년 5월 10일부터 2024년 5월 9일까지 다주택자

주택에 대해 양도소득세 중과세율을 면제하기로 했습니다. 현행 세제상 다주택자가 조정대상지역에서 집을 팔면 2주택자는 기본세율 20%, 3주택자는 30%씩 양도세율이 중과됩니다. 양도소득세 기본세율이 6~45%인 것을 생각하면 많게는 양도차익의 75%까지 세금으로 내야 하는 셈입니다. 여기에 지방소득세 양도소득세액의 10%까지 포함하면 세금 부담은 양도차익의 최대 82.5%까지 늘어납니다.

새 정부 출범일에 맞춰 양도세 중과를 유예하기로 한 건 유예기간 동안 양도소득세 걱정 없이 집을 '팔라'는 시그널입니다. 세부담을 덜기 위해 현재는 집을 팔고 싶어도 양도소득세 중과세율이 적용돼 집을 팔지 못하는 어려움이 있어 세 부담을 덜어주려는 조치입니다.

양도소득세 중과세율이 유예되면 세금 부담이 크게 줄어듭니다. 세율 자체도 낮아지고 장기보유특별공제도 받을 수 있게 되기 때문입니다. 장기보유특별공제는 부동산을 3년 이상 보유했을 때 보유기간이나 거주기간에 따라 양도소득금액을 4~80%까지 공제해주는 제도입니다. 세법상 중과세율을 적용받으면 장기보유특별공제를 적용받지 못하기 때문에 다주택자는 대부분 장기보유특별공제 혜택을 받지 못했지만, 이번 유예조치로 다주택자도 수혜를 보게 됐습니다. 세율은 물론 세액까지 낮아지는 효과가 생기는 셈입니다.

세알못 그렇다면 이 기회에 집을 정리하는 게 좋을까요? 판다면 언제 파는 게 좋을까요?

 택스코디 만약 팔기로 마음먹었다면, 6월 전에 팔기를 권합니다. 6월 1일을 기준으로 종합부동산세와 재산세 등 보유세를 부과하기 때문입니다. 6월 1일을 넘기면 집을 팔더라도 올해분 보유세를 내야 합니다.

보유세 부담이 크거나 추가적인 시세차익에 기대가 없다면 파는 게 낫습니다. 반대로 임대사업자 제도가 확대될 예정이고 보유세 부담이 완화되었으므로 장기적인 개발 호재가 있는 물건을 보유하고 있다면 가지고 있는 것이 좋습니다.

 세알못 이왕 집을 팔기로 결정했다면, 절세를 위해서 어떤 걸 신경 써야 하나요?

 택스코디 정리할 집과 순서를 정하는 것입니다. 절세효과가 큰 집, 즉 양도소득세 중과 유예 전후 세금 차이가 큰 집을 먼저 파는 게 유리합니다. 양도차익이 커서 양도소득세 중과 부담이 큰 집이나 보유기간이 길어 장기보유특별공제 혜택을 받을 수 있는 집이 여기에 해당합니다. 특히 장기보유특별공제는 직접 거주하지 않더라도 최고 40%까지 세액을 공제받을 수 있으므로 이번 기회를 잘 활용하는 게 좋습니다. 다만 직접 거주하는 주택의 경우 거주기간에 따른 비과세 혜택 등을 따져보고 매각을 결정해야 합니다.

3주택 이상 보유자는 분할 매도도 절세 방법이 될 수 있습니다. 같은 해에 집을 여러 채 매도하면 '합산과세' 대상이 돼 더 높은 세율을 적용받기 때문입니다. 양도소득세 중과 유예기간이 2023년과 2024년에 걸쳐 있는 만큼 매각 연도를 나누는 게 절세 효과를 키울 수 있습니다. 각각 매수가격보다 1억 원씩 오른 집 두 채를 판다고 가정합시다. 두 채를 모두 올해 안에 팔면 총 양도소득으로 2억 원이 발생한 것으로 봐 38% 세율을 적용받지만, 올해와 내년 한 채씩 나눠 팔면 각각 1억 원에 대해 35% 세율을 적용받습니다. 합산과세를 역이용하는 방법도 있습니다. 가격이 하락한 집과 오른 집을 같이 팔면 양도소득을 줄어들기 때문에 세금 부담도 가벼워집니다.

CHAPTER 06

TAX

합법적으로 증여세 덜 내는 부자들 이야기

다주택자 절세법은 따로 있다

 세알못 현재 다주택자이며 고민이 깊습니다. 주택을 처분하는 게 좋은지 보유하는 게 나은지를 따지기 쉽지 않네요.

 택스코디 다주택자의 셈법이 더욱 복잡해지고 있습니다. 2022년 7월 21일 세제개편안에는 다주택자에 대한 종합부동산세 중과제도 폐지를 추진하고 있습니다. 주택수가 아닌 주택가액 기준에 단일세율을 적용, 종부세를 매기겠다는 것입니다. 고가주택 한 채를 가진 경우보다 값이 싼 주택 두 채를 보유한 사람이 더 많은 세금을 내는 현행 종합부동산세 체계가 불합리하다는 지적을 반영한 결과입니다.

또 다주택자에 대한 양도소득세 중과를 2년(2024년 5월 9일)까지 동안 유예하는 한시 조치도 시행됐지만, 부동산 시장의 '거래 절벽' 장기화로 처분도 쉽지 않습니다.

이런 배경 가운데 부동산 증여를 고민하는 사람이 늘고 있습니다. 증여는 주택소유권을 남에게 넘기지 않으면서 세금을 줄일 수 있어 똘똘한 절세 전략으로 통합니다. 증여할 의향이 있다면 2022년이 저물기 전에 꼭 챙겨야 할 내용이 있습니다. 바로 '취득세 과세표준'입니다.

2022년까지 부동산 증여 등 무상 취득에 대해선 취득세 과세표준이 '시가표준액'으로 적용됩니다. 하지만 2023년부터는 취득세 과표가 '시가인정액'으로 바뀝니다. 이는 2021년 지방세법 개정으로 이미 확정돼 2023년 시행만 남겨 놓고 있습니다. 즉 2022년까지 부동산을 증여받는 경우 취득세 과표는 시가표준액을 적용하고 2023년부터는 시가를 적용한다는 뜻입니다.

취득세 과세표준이 바뀌는 만큼 세액 차이도 큽니다. 예를 들어, 공동주택 가격 3억 원, 시가 인정액 6억 원인 아파트를 2022년 말까지 증여한다면 수증자의 취득세 과세표준은 3억 원입니다. 그러나 2023년에 증여가 이뤄진다면 시가 인정액을 적용해 취득세 과세표준이 6억 원으로 뜁니다. 늘어난 과세표준 3억 원에 취득세를 고려한 만큼 납세자들의 세금 부담이 커지는 것입니다.

또 양도소득세 이월 과세기간이 2023년부터 5년에서 10년으로 늘어나는 것도 중요하게 봐야 할 고려 사항입니다. 지금은 부모나 배우자 등 특수관계자에게 증여받은 자산을 5년 이내에 양도하는 경우 양도차익 계산 때 증여 당시의 증여가액이 아니라 증여자의 취득 당시 취득가액을 적용해서 양도소득세가 과세됩니다.

사례를 한 번 봅시다. A 씨는 남편이 오래전 1억 원에 취득한 부동산을 6억 원에 증여세 부담 없이 증여받았습니다. 이후 A씨가 부동산을 5년 이내 6억 원에 양도하면 취득가액은 증여가액 6억 원이 아니라 남편이 취득한 1억 원이 됩니다. 이 경우 양도차익 5억 원이 돼 세금 부담이 발생합니다. 반면 A씨가 5년을 넘겨 양도할 때엔 증여가액이 6억 원이 적용돼 양도차익 6억 원 - 6억 원 = 0 은 발생하지 않습니다. 즉 세금 부담이 아예 없다는 얘기입니다.

그런데 2023년부터는 양도세 이월과세 적용 기간이 10년으로 확대되기 때문에 이 같은 절세 전략을 구사하기 어려워집니다. 다시 말해, 취득세 과세표준으로 시가표준액을, 양도세 이월과세 적용 기간 5년을 효과적으로 활용하려면 서두를 필요가 있는 것입니다.

2023년에도 상속으로 인한 무상취득인 상황에는 취득세 과세표준이 시가표준액이 됩니다. 또 상속을 제외하고 시가표준액으로 1억 원 이하인 부동산을 무상 취득할 때는 시가 인정액, 시가표준액 둘 가운데에서 납세자가 선택할 수 있습니다.

주식 3천만 원 증여했는데 세금 안 낸다?

경기침체 공포에 국내외 주가지수가 올해 들어 20~30% 하락하는 등 조정 장세가 이어지고 있습니다. '마이너스'로 가득한 주식 잔액을 보는 것은 고통스러운 일입니다. 그렇지만 평소 자녀나 가족에 자산 증여를 염두에 두고 있던 사람이라면 하락장을 절세의 기회로 활용할 수 있습니다. 주가 장기 하락장에서 주식이나 펀드를 증여하면 향후 주가 상승에 따라 증여세 절감 효과가 큽니다. 당장은 손실이 났지만, 장기 투자용으로 점 찍은 종목이라면 주가가 높을 때보다 더 많은 주식 증여가 가능해지고 장기 투자의 목적도 달성할 수 있어 일석이조인 셈이죠.

증여세는 과세표준에 따라 10~50%의 5단계 초과누진세율 구조를 가집니다. 과세표준 1억 원 이하 구간에는 10%의 세율이 적용되고, 30억 원 초과 구간엔 50%의 세율이 적용됩니다. 1억 원과 30억 원 사이를 세 구간으로 나눠 각각 20%, 30%, 40%의 세율이 적용됩니다.

증여세 세율

과세표준	세율	누진공제액
1억 원 이하	10%	-
1억 원 초과 5억 원 이하	20%	1천만 원
5억 원 초과 10억 원 이하	30%	6천만 원
10억 원 초과 30억 원 이하	40%	1억 6천만 원
30억 원 초과	50%	4억 6천만 원

현행 상속세 및 증여세법에 따르면 배우자나 자식, 부모, 친족 간 증여는 10년 단위로 증여재산공제를 적용합니다. 성인 자녀에게 증여하면 5,000만 원, 미성년자이면 2,000만 원, 배우자에겐 6억 원까지 공제 가능합니다.

증여 시점을 기준으로 10년 이내 증여 재산을 합산해 증여세를 부과하기 때문에 자녀가 태어났을 때 2,000만 원어치 주식을 증여하고, 10년 뒤 또다시 2,000만 원, 다시 10년 뒤 자녀가 20세가 됐을 때 5,000만 원, 총 원금 9,000만 원까지 증여세 부담 없이 증여가 가능한 셈입니다.

하락장에서의 주식 증여가 증여세 절감 효과를 내는 것은 상장주식의 독특한 증여재산가액 산정 방식 때문입니다. 일반적으로 증여 재산의 평가액은 증여하는 날의 시가를 적용하는 것이 원칙입니다. 하지만 상장주식은 증여하는 날 기준 이전과 이후 2개월씩 총 4개월 동안 공표된 매일의 종가 평균액이 해당 주식의 평가액이 됩니다. 주가가 장기 하락장에 있다면 더 많은 주식을 증여세를 내지 않거나, 주가가 높았던 시절보다 덜 낼 수 있는 셈입니다. 통상 자녀에게 증여하는 주식이 미래 성장 가능성이 높지만, 현재는 저평가되거나 조정받고 있는 우량주인 경우가 많다는 점을 감안하면, 하락장에서의 감정적인 손절매를 막는 효과도 낼 수 있습니다.

예를 들어, 올해 7월 18일 종가가 주당 10만 원인 주식 300주, 총 3,000만 원어치를 미성년 자녀에게 증여했더라도 증여일 전후로 주가가 크게 하락해 4개월 종가 평균액으로 계산한 증여 주식 300주의 가치가 2,000만 원이라면 증여세를 내지 않을 수 있습니다. 해외 주식 역시 외화를 원화로 바꿔주는 과정을 제외하면 국내 주식과 평가 방식이 같습니다.

세알못 혹여나 증여일 이후부터 2개월간 주식 가격이 급상승하면 어쩌나요?

택스코디 이런 경우에는 세금 부담이 애초 예상과 달리 과도하게 커지기 때문에, 증여세를 내고 싶지 않다면 증여 자체를 취소할 수 있습니다. 증여세 신고 및 납부 기간은 증여일이 속하는 달의 말일부터 3개월이 되는 날까지입니다. 금전이 아닌 주식 등의 자산 증여는 증여일부터 3개월 내 취소가 됩니다.

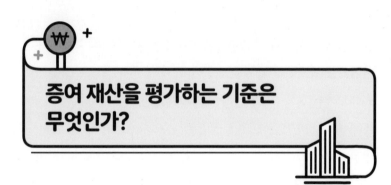

증여 재산을 평가하는 기준은 무엇인가?

재산가액을 정확히 파악해야 합니다. 상속세와 증여세는 상속이나 증여의 대상 자산의 시가로 과세하는 것을 원칙으로 합니다. 그러므로 유사한 재산의 거래금액을 찾아내 이를 기준으로 과세합니다. 그러나 이런 시가가 밝혀지지 않으면 기준시가로 재산가액을 평가합니다. 한편 소규모 빌딩이나 단독주택 등은 시가가 없는 관계로 기준시가로 상속세 등이 부과되고 있습니다. 이에 정부는 감정가액으로 과세하는 방안을 추진하고 있으니 유의해야 합니다. 상속이나 증여재산가액은 상속 개시일이나 증여일 현재 당시의 재산가액뿐만 아니라 과거 소급하여 10년 이내의 사전증여 재산도 합산되어 과세한다는 점을 주의해야 합니다 상속 당시 존재하는 채무는 상속재산가액에서 차감 .

참고로 사전증여는 빠르면 빠를수록 좋습니다. 상속 개시일

10년 이내에 증여한 재산은 상속재산에 포함되기 때문입니다. 오히려 재산가액이 많지 않은 사람은 명의 이전을 하다가 불필요한 세금만 날릴 수도 있습니다. 사전증여 대상은 현금보다 부동산이 좋습니다. 증여재산 평가 시 부동산은 시세보다 낮은 기준시가나 시가를 기준으로 과세하지만, 현금은 있는 그대로의 금액에 부과되므로 부동산이 현금보다 세금이 낮게 발생합니다.

 세알못 30년 동안 운영한 식당을 접고 재산도 정리하려 합니다. 아들에게 꼬마빌딩 하나 물려줄 계획입니다. 그동안 아들에게 재산을 증여한 적은 없습니다. 절세법이 따로 있을까요?

 택스코디 분산증여와 감정평가액을 활용하는 증여 방법이 좋겠습니다. 재산을 자식과 며느리 그리고 손주들에게 나누어 증여하면 과세표준을 낮춰 세율을 낮출 수 있고, 감정평가를 활용하면 훗날 양도소득세를 크게 줄일 수 있기 때문입니다.

분산증여와 감정평가를 활용했을 때의 절세효과를 알아보기 위해 기준시가만을 적용했을 때와 분산증여와 감정평가를 함께 적용했을 때의 예상세액을 비교해볼까요.

만약 아들이 꼬마빌딩을 기준시가 기준 재산가액인 18억 원으로 단독 증여를 받는다면, 아들이 부담하는 증여세는 5억 2,380만 원입니다. 5년 뒤 예상 양도가액인 48억 원으로 양도 시 양도세액은 11억 6,001만 원으로 총 부담세액은 17억 5,581만 원입니다.

그런데 아들과 며느리에게 꼬마빌딩을 각각 50%의 지분으로 나누어 분산증여하면 어떻게 될까요. 꼬마빌딩의 지분을 50%씩 아들과 며느리에게 나눠주면 총 부담세액은 15억 5,001만 원으로 기준시가로 증여했을 때와 비교해 2억이 넘는 세금을 줄일 수 있게 됩니다. 분산해 증여하는 것만으로 큰 절세효과를 누리게 되는 겁니다.

기준시가 대신에 감정평가를 활용하면 절세효과는 더욱 커집니다. 감정평가를 통해 시가와 가까운 가격으로 증여세를 신고하게 되면 훗날 양도차익을 줄여 양도소득세를 적게 낼 수 있습니다.

아들이 감정평가액 28억 원을 기준으로 꼬마빌딩을 증여받을 때, 증여세는 9억 1,180만 원입니다. 양도 계획이 없다면 기준시가로 증여하는 게 훨씬 세금이 적을 수 있지만, 양도 계획이 있다면 향후 양도소득세를 3,000만 원 이상 줄일 수 있으므로 감정평가를 받는 게 절세에 유리합니다.

며느리에게도 분산증여를 하게 되면 절세 금액은 더욱 올라갑니다. 아들과 며느리에게 감정평가 가액을 기준으로 각각 50% 분산증여하면 총 부담세액은 15억 396만 원으로 기준시가로 단독 증여할 때와 비교해 2억 5,185만 원을 절세할 수 있습니다.

또 감정평가액을 높여 32억 원을 기준으로 증여하면 아들에게 단독 증여하는 경우 기준시가로 증여했을 때보다 3,130만 원의 절세효과를, 아들과 며느리에게 분산증여하면 2억 5,373만 원의 절세효과를 각각 얻을 수 있습니다.

아들과 며느리 외에 손주에게까지 범위를 넓혀 분산증여하게 되면 절세효과를 더 높일 수 있습니다. 과세표준을 낮춰 세율을 함께 낮출 수 있기 때문입니다. 또 수증자 각각 몇 퍼센트의 비율로 증여할 건지에 따라서도 최적의 절세 금액이 달라질 수도 있습니다.

다만, 주의할 점은 무조건 감정평가 가액을 높여 시가에 맞춘다고 해서 절세효과가 정비례하는 건 아니라는 겁니다. 감정평가가액이 30억 원일 경우와 32억 원일 경우를 비교해보면 오히려 30억 원의 감정평가가액으로 단독 증여할 때 절세 금액이 3,930만 원으로 32억 원으로 증여할 때인 3,180만 원보다 800만 원 정도 더 절세할 수 있습니다. 따라서 예상 세금 시뮬레이션을 통해 절세효과를 최대화할 수 있는 적정한 감정평가가액을 정하는 것도 중요합니다.

참고로 납부 여유자금이 있는지도 증여에 있어 중요한 부분으로 작용합니다. 분산증여를 통해 증여세를 줄일 수 있긴 하지만, 소득이 없는 며느리나 손주의 경우 현실적인 납부 여력이 넉넉하지 않을 수 있으므로 나눠주는 것이 좋을지 고민해보면 좋겠습니다.

최신 증여 트렌드, 자식보다는 손주다

조부모가 자녀가 아니라 세대를 건너뛰어 손주에게 재산을 물려주는 걸 '세대생략증여'라고 합니다. 요즘 이렇게 손주에게 직접 재산을 물려주는 세대생략증여가 꾸준히 늘어나는 추세입니다. 일반 증여세율과 비교해 최대 40% 할증된 세율을 부담하는데도 세대생략증여 건수가 꾸준히 늘어나는 이유는 무엇일까요. 조부모가 미성년자인 손주에게 직접 재산을 물려주는 배경에는 '절세'가 있습니다.

먼저 자녀가 아닌 손주에게 증여하는 게 유리한 대표적 이유에는 '분산증여'가 있습니다. 재산을 분산해 증여하면 세율을 낮출 수 있기 때문입니다. 같은 4억 원을 증여하더라도 자녀 2명에게 각각 2억 원을 증여하는 방법보다 손주 4명에게 1억 원씩 증여했을 때 증여세 절세효과는 더욱 큽니다. 이렇게 증여를 할 때 재산을 분산해 증여하게 되면 '수증자별 과세원칙'에 따라 각각 수증자마다 별도의 과세표준을 적용받을 수 있으므로 자녀에게 증여하는 것과 비교해 세율을 크게 낮출 수 있습니다.

예를 들어볼까요. 자녀들에게 직접 증여하면 1인당 5,000만 원씩 2명이 공제를 받지만, 손주들에게 증여하면 1인당 5,000만 원씩 4명이 공제를 받게 됩니다. 자녀 두 명이 각각 증여받는 2억 원에 대해서는 최고 20%의 세율이 적용되지만, 손자 4명에게 분산 증여하게 되면 세율 할증을 더 해도 13%의 세율을 각각 적용받을 수 있습니다.

특히 부모와 자녀 간에 사전증여가 진행된 경우라면 절세효과는 더 커집니다. 자녀에게 10년 안에 이미 증여한 재산이 있다면 손주에게 증여하는 것이 훨씬 좋습니다. 자녀에게 증여하고 추가로 증여하게 되면 증여가액이 합산돼 높은 증여세율을 적용받게 되지만 손주에게 증여하게 되면 할증 세율을 적용받더라도 과세표준을 낮출 수 있으므로 세율 측면에서 더 유리해집니다. 단 증여재산공제를 적용할 때는 손주 수증자 를 기준으로 직계존속 부, 모, 조부, 조모, 외조부, 외조모 모두로부터 받은 금액을 합쳐서 적용한다는 점을 유의해야 합니다.

정리하면, 손주에 대한 사전증여는 증여자가 고령이고 자산이 많을수록 더 유리합니다. 미리 자녀에게 증여했다가 10년 안에 사망하면 증여 재산과 상속재산이 합산되므로 높은 상속세율을 적용받게 됩니다. 손주에게 물려주면 증여 이후 5년만 지나도 상속세를 피할 수 있습니다. 손주는 상속인이 아니므로 조부모의 상속세 신고 시 합산대상에서 제외되기 때문입니다.

또 손주뿐 아니라 며느리와 사위도 같은 기준을 적용하므로 며느리와 사위에게 분산증여하는 방법도 또 다른 절세 방법이 될 수 있습니다. 그래서 보통 증여 순서를 정할 때 자녀, 손주, 며느리, 사위의 순서로 정하는 경우가 많습니다.

만약 손주에게 물려준다면 증여공제가 5,000만 원이니까 증여가액 1억 5,000만 원까지 최저세율을 적용받을 수 있습니다. 미성년자의 경우에는 증여공제가 2,000만 원이니까 1억 2,000만 원까지 최저세율 대상이 됩니다. 며느리나 사위에게 해당하는 증여공제액은 1,000만 원이므로 1억 1,000만 원까지 증여하는 게 유리하겠습니다. 이 기준을 넘어가면 증여세율이 20%로 훌쩍 뛰게 되므로 해당 기준 금액을 넘지 않도록 조심하는 게 좋습니다.

부담부 증여로 절세하자

세알못 요즘 큰 고민에 빠졌습니다. 아들이 서른이 넘도록 취직도 안 하고 용돈만 받아서 하루하루 살고 있습니다. 고심 끝에 아들에게 상가를 하나 사주기로 마음먹었습니다. 월세라도 꼬박꼬박 받으면 앞으로 살아가는 데 큰 지장이 없을 거라 생각했기 때문입니다.

몇 달 뒤 10억 원 상당의 상가를 아들 이름으로 매입했습니다. 그리고 아들이 내야 할 증여세 2억 2,500만 원도 대신 내줬습니다. 6개월 뒤 세무서에서 증여세를 무슨 돈으로 냈는지 소명하라는 연락이 왔습니다. 저는 세무서에 제가 냈다고 당당하게 얘기했습니다.

그런데 얼마 뒤 세무서로부터 증여세 8,500만 원을 추가로 내라는 고지서를 발급받았습니다. 증여세는 이미 냈는데 추가로 또 내라니 이 무슨 날벼락 같은 이야기일까요?

택스코디 세법에선 고액자산, 특히 부동산을 취득할 때 취득자의 직업, 나이, 소득상태 등을 고려해서 해당 부동산을 스스로 취득할 능력이 없다고 추정될 경우 취득자금에 대한 출처 조사를 하고 있습니다. 여기에 일정한 소득이나 재산이 없는 상태에서 증여세를 냈다면, 부동산 취득자금과 납부한 증여세 또한 자금출처 조사의 대상이 됩니다. 납부한 증여세의 자금출처를 제대로 소명하지 못하면 이 또한 증여로 보고 있습니다.

세알못 씨는 아들에게 건물을 사주고 증여세도 대신 냈습니다. 하지만 아들은 일정한 직업도 없으며 재산도 없는 상태입니다. 따라서 납부한 증여세 2억 2,500만 원도 아버지로부터 증여받아 낸 것으로 추정해서 이미 낸 증여세 2억 2,500만 원에 대한 증여세가 추가로 추징된 것입니다.

 세알못 그런데 자세히 보면 세율이 다르게 적용된 것 같습니다. 10억 원 상당의 부동산에 대한 증여세는 2억 2,500만 원으로 약 22.5%의 세율인데, 대납한 세금 2억 2,500만 원에 대한 증여세는 8,500만 원으로 세율이 약 37.8%에 달합니다. 왜 그런가요?

 택스코디 이는 누진세 때문입니다. 우리나라 증여세는 동일인으로부터 10년 동안 받은 증여재산을 합산해 계산합니다. 합산된 증여재산가액이 커질수록 증여세율이 높아지는 누진세 구조입니다.

위 사례에서 아들이 내야 할 증여세를 아버지가 대납했을 경우, 아들이 추가로 내야 하는 증여세의 계산식은 아래와 같습니다.

따라서 아들이 추가로 내야 할 증여세는 8,500만 원입니다. 만약 이 세금도 세알못 씨가 대신 낸다면 또다시 자금출처 조사를 받게 될 수 있습니다. 아들에게 부동산을 증여하려다 세금폭탄을 맞을 수 있는 최악의 상황입니다.

부동산 구입 자금 증여세 대납액	10억 원 2억 2천 5백만 원
증여재산합계 증여재산공제	12억 2천 5백만 원 (-) 5천만 원
과세표준 한계세율 누진공제	11억 7천 5백만 원 40% (-) 1억 6천만 원
산출세액 기납부세액	3억 1천만 원 2억 2천 5백만 원
추가납부세액	8천 5백만 원

 세알못 그렇다면 증여세를 최소화하면서 자녀에게 부동산을 증여하는 방법은 없을까요?

 택스코디 자녀가 부채를 상환할 수 있다는 능력이 있다는 가정을 하고, 세알못 씨가 먼저 기준시가가 8억 원이고 시가가 10억 원인 건물을 취득해 그 건물을 담보로 대출 또는 보증금을 발생시켜 건물에 대한 부채 8억 원을 발생시킵니다. 이렇게 하면 일정 기간(최소 3개월 이상) 후 자녀에게 건물을 증여하면서 부채도 같이 부담하게 합니다.

이것이 '부담부증여'인데 증여등기를 하므로 자금출처 조사를 받지 않으며, 증여세도 '0'이 됩니다. 취득세를 2회 내야 하지만 세율이 4%대입니다. 증여세 한계세율 40%와 비교해 큰 금액은 아닙니다.

　부담부증여의 경우 증여자가 이전한 채무액만큼을 대가로 재산을 판 것으로 보고 취득가액보다 양도금액_{채무액}이 크면 양도차익에 대해 양도소득세를 내야 합니다. 하지만 이 경우 양도금액은 8억 원, 취득금액은 10억 원으로 과세표준이 (−)2억 원이 되어 양도소득세의 부담도 없습니다.

　이렇게 부담부증여를 활용하면 취득세는 추가로 발생할 수 있지만 3억 1,000만 원의 증여세가 완전히 절감되는 효과가 있습니다. 물론 부채를 8억 원이나 일으킨다는 극단적인 가정과 그만큼의 이자 비용을 부담해야 합니다. 하지만 절세를 위해 충분히 고려해 볼 만한 방법입니다.

 세알못 부담부증여 시 주의할 점은 무엇인가요?

 택스코디 부담부증여가 항상 증여보다 유리한 것도 아니고, 배우자나 직계비속에 대한 채무 이전이 무조건 인정되는 것도 아닙니다. 부담부증여는 증여세뿐만 아니라 양도소득세와 취득세가 발생합니다. 따라서 양도소득세 중과세율이 적용되거나 취득세 중과세율이 적용되는 경우에는 부담부증여를 선택했을 때 오히려 세부담이 증가할 수도 있습니다. 부담부증여로 이전된 채무에 대해서는 국세청이 사후관리를 철저히 하고 있으므로 부담부증여 후 채무를 대신 갚는 것도 조심해야 합니다.

CHAPTER 07

TAX

합법적으로 상속세 덜 내는 부자들 이야기

재산 규모에 따른 상속세를 설계해보자

재산가액이 10억 원 이하라면 배우자가 있으면 배우자상속 공제로 최소 5억 원을 받은 다음 일괄공제 5억 원을 받을 수 있으므로 세금이 발생하지 않습니다. 만약 배우자가 없다면 배우자상속 공제가 적용되지 않으므로 상속세가 발생하지 않는 재산가액은 5억 원으로 줄어듭니다. 따라서 이 정도의 재산을 지닌 사람들은 세금을 위한 상속, 증여 설계가 따로 필요 없습니다. 상속세를 피하려고 섣불리 사전증여를 하다가는 도리어 증여세가 부과될 수 있기 때문입니다.

재산가액이 10억 원을 넘어 수십 억대에 이른다면 적극적인 세금 설계가 꼭 필요합니다.

식당을 운영해서 큰 재산을 모은 A씨가 세금 설계를 했을 때와 하지 않았을 때 어떻게 다른가를 함께 살펴볼까요.

재산 규모에 따른 상속세 설계

재산가액	상속세 발생 여부	상속 및 증여 설계 여부	최적 설계
10억 원 이하	미발생	불필요	
10억 원 초과	발생	발생	소극적인 상속, 증여 설계 - 증여재산공제 활용
20억 원 초과	발생	필요	적극적인 상속, 증여 설계 - 사전적이고 체계적인 증여 계획, 상속세 납부 계획 (종신보험 등)

상속, 증여 재산

- 아파트 : 시세 5억 원(기준시가 3억 원)
- 거주용 단독주택 : 시세 6억 원(기준시가 3억 원)
- 상가 건물 : 시세 12억 원(기준시가 7억 원)
- 은행 예금 : 5억 원
- 가족 현황 : 배우자와 성년 자녀 2명

상속세를 계산할 때 공제액은 11억 원이라 가정하고, 사전증여는 증여세 비과세 한도를 이용하며 이외 사항은 모두 부시하고 비교해보겠습니다.

먼저 세금 설계를 하지 않았을 때 A씨가 내야 할 세금에 대해 계산해 보면 예상되는 상속세는 대략 1억 5천만 원 정도가 됩니다.

- 상속재산가액 : 18억 원(부동산은 기준시가 적용)
- 상속세 과세가액 : 18억 원
- 상속세 과세표준 : 18억 원 – 11억 원(배우자상속 공제 등)
  = 7억 원
- 상속세 산출세액 : 1천만 원 + (5억 원 – 1억 원)×20% +
  (7억 원 – 5억 원)×30% = 1억 5천만 원

다음으로 적극적인 세테크를 통해 세금 설계를 한 경우도 살펴볼까요, 이때 예측되는 상속세는 0원입니다. 어떤가요? 바로 세테크가 필요한 이유입니다.

- 상속재산가액 : 11억 원(증여재산 7억 원 제외)
- 상속세 과세가액 : 11억 원
- 상속세 과세표준 : 11억 원 – 11억 원 = 0원
- 상속세 산출세액 : 0원

세금 설계를 통해 줄어든 7억 원은 배우자 6억 원, 성년 자녀 앞으로 각각 5천만 원씩 나누어졌습니다. 이렇게 나뉜 금액은 각각 증여세가 비과세되는 한도에 해당합니다. 단, 증여를 한 다음

10년 안에 상속이 발생하면 증여가액이 상속재산가액에 합산되므로 증여는 가급적 빨리하는 것이 좋습니다.

아들 사망 후 연락 없던 시어머니, 며느리 중매 선 이유는 무엇일까?

 세알못 훈남인 남편은 자산가 집안의 둘째 아들이었습니다. 시아버지는 오래전에 돌아가셨지만 홀로 남은 시어머니가 사업에 성공해 많은 재산을 모았고 두 아들을 키웠습니다.

모두의 축복 속에서 신혼생활을 시작했지만, 행복은 오래가지 않았습니다. 결혼한 지 1년 만에 여행을 갔다가 사고로 남편은 사망했습니다.

남편은 없지만, 며느리로서 도리를 해야 한다고 생각한 저는 자주 찾아뵙고 연락드렸습니다. 하지만 아들을 잃은 시어머니의 반응은 냉랭했습니다. 그러다 보니 자연스럽게 사이는 멀어졌고 왕래가 끊겼습니다. 그렇게 세월이 흘렀습니다. 그러던 어느 날 갑자기 연락이 끊겼던 시어머니에게 연락이 왔습니다. 시어머니는 다짜고짜 만나는 사람이 있냐고 묻더니 아직 너는 젊으니 새로 시작하라며 만나는 사람이 없다면 좋은 사람을 소개해주겠다고 했습니다. 왜 10년간 연락이 없던 시어머니는 갑자기 며느리 중매를 서려고 했을까요?

 택스코디 시어머니가 갑자기 며느리 중매를 서려고 한 이유는 본인의 재산이 며느리에게 상속되는 것을 막기 위해서였던 것입니다. 이러한 시어머니의 행동을 이해하려면 먼저 우리나라의 상속제도와 상속순위에 대해 알아야 합니다. 사람이 죽으면 재산을 가지고 저승에 갈 수는 없죠. 그러므로 남은 가족들에게 이전되어야 하는데 이를 우리는 상속이라고 부릅니다.

상속에서 가장 중요한 것은 고인의 재산이 누구에게 얼마나 분배되느냐입니다. 이를 정할 때 가장 중요한 것은 피상속인 고인의 유언입니다. 하지만 우리나라에서는 아직 유언이 일반화되지 않았습니다. 그 자체를 불쾌해하여 아예 하지 않거나 유언할 생각이 있었는데도 불구하고 유언 시기를 미루다 유언을 남기지 못하고 갑자기 사망하는 경우가 많습니다.

유언이 없는 경우에 상속재산은 공동상속인들 간의 협의로 분할되게 됩니다. 상속재산의 분할 협의는 공동상속인의 전원 참여, 전원 동의로 결정됩니다. 만약 공동상속인들 간에 협의가 되지 않으면 법정 다툼을 할 수밖에 없습니다.

상속이 발생했을 때 1순위 상속인이 존재하면 그다음 순위의 사람은 상속인으로서 권리를 주장하지 못합니다. 1순위에 해당하는 사람이 없는 경우 2순위인 사람이 상속인이 됩니다. 배우자는 1순위인 직계비속과 2순위인 직계존속과 동순위로 봅니다.

그러므로 위의 경우에는 시어머니가 사망하게 되면 1순위 직계비속인 두 아들이 상속을 받는 것입니다.

보통의 경우 며느리는 상속인이 아니므로 시어머니의 재산을 상속받을 일은 없습니다. 하지만 위의 경우는 그렇지 않습니다. 시어머니가 재산이 며느리에게 상속되는 이유는 시어머니의 상속재산을 며느리로서 받는 게 아니라 이미 사망한 아들을 대신해서 받기 때문입니다. 이러한 상속을 '대습상속'이라고 합니다.

대습상속의 사전적 정의는 '상속인이 될 직계비속 또는 형제자매가 상속개시 전에 사망하거나 결격자가 된 경우, 그 직계비속이나 배우자가 있는 때에는 직계비속이나 배우자가 사망하거나 결격된 자의 순위에 갈음하여 상속인이 되는 것'입니다.

만약 지금 시어머니가 사망한다면 아들이 살아 있었다면 받았을 상속재산은 대습상속으로 인하여 며느리가 받게 되는 것입니다. 아들은 이미 사망했지만, 아들이 받을 상속권은 남아 있는 것입니다. 이렇게 며느리가 대습상속이 가능한 이유는 시어머니와 며느리 사이에 인척관계가 남아 있기 때문입니다. 아들인 이미 사망했지만, 그녀는 여전히 며느리이고, 시어머니는 여전히 시어머니이기 때문입니다.

하지만 이러한 인척관계는 며느리가 재혼하게 되면 사라지게 됩니다. 재혼하면 세알못 씨는 며느리가 아니게 되는 것입니다. 시어머니는 이러한 사실을 알고 재혼을 시켜서 대습상속을 받을 권리가 사라지기를 희망하고 중매를 서려고 한 것입니다.

실제로 이러한 대습상속의 원리를 모른 채 상속이 일어난 후 분쟁이 생기는 경우가 많습니다. 대습상속인이 아닌 공동상속인의 입장에서는 사별 이후 거의 남이나 다름없이 살았는데 며느리나 사위였었다는 이유로 혈족이 아닌 사람에게 상속재산이 가는 것을 받아들이기 힘들 수 있습니다. 또 한편으로는 대습상속의 권리가 있는 사위나 며느리도 스스로가 그러한 권리를 가졌는지 모르고 본인의 상속 지분을 포기해 버리는 상황도 있습니다. 이처럼 대습상속은 일반적인 상식과는 다르고 잘못 대응했을 경우 경제적 손실이 크기 때문에 주의가 필요합니다.

사망보험금, 상속세를 피하는 방법은 무엇일까?

　드물게 피상속인이 본인을 수익자로 보험을 계약하는 경우에는 사망하면서 본인이 보험료를 받고, 이후에 상속이 되는 것이어서 민법상으로도 상속재산으로 분류되지만, 이런 경우가 아닌 대부분의 사망보험금은 민법상 상속재산에서 제외됩니다. 그 이유는 상속인으로서 받는 것이 아니라 계약에 따른 보험금의 수익자로서 받는 것이어서 상속재산이 아닌 수익자의 고유재산으로 취급되는 것이기 때문입니다. 따라서 피상속인에게 빚이 많아서 상속인이 상속포기나 한정승인을 한 경우, 추후 보험금을 상속받더라도 채권추심을 피할 수 있습니다.

　그런데 세금은 좀 다릅니다. 피상속인 사망으로 상속인이 받는 생명보험이나 손해보험의 보험금도 피상속인이 보험료를 실질적으로 냈다면 상속재산으로 '간주'해서 상속세가 부과될 수 있도록 하는 규정이 있습니다. 바로 '간주상속재산'입니다. 다만 이때에도 보험료의 납부 주체에 따라 상속세가 아닌 증여세를 부과하거나, 세금이 아예 발생하지 않는 경우가 있습니다.

 세알못 그럼 어떤 경우에 상속세가 부과되고, 부과되지 않는가요?

 택스코디 일반적으로 보험계약 시에 보험수익자를 지정하게 됩니다. 사망 시에 보험료를 받게 되는 생명보험의 경우 수익자를 상속인으로 지정하거나 가족 중 한 사람으로 정하는 경우가 대부분입니다.

이때 보험수익자가 상속인으로 돼 있는 경우에는 민법상으로는 상속재산이 아니지만, 세법상으로는 상속재산에 포함돼 상속세가 부과될 수 있습니다. 민법상으로는 상속이 아니라 보험수익자의 권리를 행사하는 것으로 판단하지만, 세법에서는 피상속인이 보험료를 냈다면 상속세 과세대상으로 보는 것입니다. 따라서 피상속인이 보험료를 냈다면 수익자가 상속인인 경우, 수익자가 지정되지 않은 경우, 수익자가 피상속인 자기 자신일 때 모두 상속세 과세대상이 됩니다.

세법에서는 피상속인이 보험계약자인 보험금을 상속재산으로 구분하고 있습니다. 사망한 사람의 이름으로 계약된 보험계약에 대해 사망자가 보험료를 냈다면 상속인이 보험금을 받더라도 상속세가 발생할 수 있다는 것입니다. 이를 뒤집어 보면, 피상속인이 아닌 상속인이 보험계약의 주체가 되면 피상속인 사망으로 인한 보험금은 상속세를 피할 수 있게 됩니다.

예를 들어, 아들이 자신을 보험계약자로, 아버지를 피보험자로 해서 보험에 가입하고 아들이 보험료를 내고, 아버지가 사망하면서 아들이 보험금을 받게 됐다면 상속세 과세대상이 아닙니다. 계약자와 수익자가 같은 경우입니다. 다만, 이 경우 아들이 실질적으로 보험료를 냈는지를 증명해야 합니다. 아들이 미성년인 이유 등으로 실질적으로는 아버지가 보험료를 냈다면 상속재산으로 구분될 수 있습니다.

세알못 계약자와 피보험자, 수익자가 모두 다르면요?

택스코디 계약자와 피보험자, 그리고 수익자가 모두 다른 경우에도 상속세 과세대상은 아닙니다. 하지만 이 경우에는 증여세가 부과될 수 있습니다.

예를 들어, 어머니가 자신을 보험계약자로, 아버지를 피보험자로, 아들을 보험수익자로 하여 생명보험에 가입하고, 보험료도 어머니가 내는 경우가 있습니다. 계약자와 수익자, 피보험자 모두 다른 경우입니다. 이런 경우 계약자인 어머니가 아들에게 보험금을 무상이전하는 것으로 보고 증여세가 부과됩니다.

결국 보험 계약 당시에는 피보험자가 중요하지만, 세금의 측면에서는 '계약자'와 '수익자'가 더 중요한 상황이 됩니다. 사망보험금은 상속세의 재원을 마련하기 위한 좋은 방안 중 하나입니다. 다만, 보험료를 실제로 누가 냈는지에 따라 과세 여부가 달라질 수 있으므로 금융거래 내역 등을 통해 보험료 납부 주체를 입증할 필요가 있습니다.

미혼인 친형의 사망 상속세는
어떻게 될까?

세알못 삼형제 중 미혼인 막내가 사망했습니다. 부모님은 이미 돌아가셨고 배우자나 자녀가 없으므로 남은 형제 2명이 3억 원의 재산을 상속받아야 합니다. 상속세를 내야 하나요? (피상속인은 사망 전 증여 재산이 없고 남겨준 재산이 전부입니다.)

택스코디 형제들이 상속받을 때는 상속공제 중 일괄공제 5억 원이 적용되기 때문에 남은 형제들은 상속세를 내지 않아도 됩니다. 상속세 및 증여법 제21조 규정에 따라 거주자 사망으로 상속이 개시되는 경우 상속인 또는 수유자는 공제액 합계액과 5억 원 중 큰 금액으로 공제를 받을 수 있습니다. 질문 사례는 민법상 상속의 순위에 의해 피상속인의 형제자매가 상속인이 될 때에도 이런 조항을 적용받을 수 있습니다. 민법상 상속순위는 다음과 같습니다.

1순위: 피상속인의 직계비속
2순위: 피상속인의 직계존속

3순위: 피상속인의 형제자매

4순위: 피상속인의 4촌 이내의 방계혈족

 세알못 두 자녀를 둔 50세 가장입니다. 어느 날 슬픈 소식이 들려왔습니다. 지병을 앓던 친형이 사망했다는 소식이었습니다. 미혼인 친형은 시세 10억 원짜리 아파트와 1억 원의 예금 자산을 갖고 있었습니다. 모친은 부친이 돌아가시면서 모친 앞으로 남기신 아파트에 거주하고 계시고, 그 외에 세를 준 아파트 한 채를 더 갖고 있습니다. 미혼인 친형의 아파트와 예금자산은 누구에게 상속될까요?

 택스코디 피상속인의 배우자는 1순위 상속인이 있으면 1순위 상속인인 직계비속과 공동상속인이 됩니다. 1순위 상속인이 없다면 2순위 상속인인 직계존속과 공동상속인이 됩니다. 피상속인인 친형은 미혼이기에 직계비속도, 배우자도 없으므로 2순위 상속인인 모친이 단독상속인이 됩니다. 선순위 상속인에 해당하는 모친이 상속을 포기하지 않는 이상 세알못 씨는 상속인이 될 수 없습니다.

 세알못 그렇다면 모친은 얼마의 상속세를 내야 할까요?

 택스코디 이를 위해서는 상속공제와 상속세율을 알아야 합니다. 상속공제에는 다음과 같은 공제가 있습니다.

기초공제

거주자 또는 비거주자가 사망하는 경우 상속재산 가액에서 2억 원을 공제받습니다.

배우자상속공제

배우자상속공제는 피상속인의 재산 중 배우자가 상속받은 재산 가액을 상속세에서 공제해주는 제도입니다. 복잡한 배우자 공제 한도 계산식이 있지만, 쉽게 설명하면 상속재산 중 배우자의 민법상 법정상속 지분만큼이라고 이해하면 됩니다.

직계비속이 1이라면 배우자는 직계비속의 상속분에 5할을 가산하여 1.5를 갖게 됩니다. 자녀2, 배우자1의 상속인이 있다면 배우자의 법정상속 지분율은 1.5/3.5가 됩니다.

배우자의 법정상속 지분을 한도로 배우자가 실제 상속받은 재산을 상속세에서 공제해준다는 의미가 됩니다. 물론, 이때 30억 원이라는 한도가 있습니다. 그리고 배우자상속공제 최소금액은 5억 원입니다.

예를 들어, 배우자의 법정상속 지분 가액이 3억 원인 상황에서 실제로 3억 원만 배우자에게 상속하더라도 공제의 최소금액인 5억 원을 공제받게 됩니다. 배우자가 아무런 재산도 상속받지 않았다면 어떻게 될까요. 이때 역시 최소금액인 5억 원을 공제받게 됩니다

기타인적공제

기타인적공제는 자녀, 상속인, 동거가족의 구성에 따라 공제를 받을 수 있는 규정입니다. 대표적으로 자녀 1명에 5,000만 원을 공제받을 수 있습니다. 기타인적공제에 대해서는 자세히 설명하지 않겠습니다.

일괄공제

거주자의 사망으로 상속이 개시되는 경우 기초공제와 기타인적공제를 합친 금액과 5억 원 중 큰 금액을 공제받을 수 있습니다. 이를 일괄공제라고 합니다. 기타인적공제의 대표적인 공제가 자녀 1인당 5,000만 원입니다. 기초공제 2억 원과 기타인적공제를 합해서 5억 원을 넘어가려면 자녀가 10명은 필요합니다. 현대의 가족 구성으로 볼 때 기초공제와 기타인적공제를 합해서 일괄공제 5억 원을 넘는 경우가 드문 상황이므로 상속이 개시되면 일괄공제 5억 원을 적용받을 수 있다고 이해하면 됩니다. 앞서 기타인적공제를 자세히 설명하지 않은 이유도 여기에 있습니다.

금융재산상속공제

상속재산 중 금융재산에서 금융채무를 뺀 가액_{순금융재산}의 일부를 다음과 같이 공제하는 규정입니다. 공제금액은 2억 원을 한도로 합니다.

- 순금융재산 2,000만 원 초과: 순금융재산 가액의 20%와

2,000만 원 중 큰 금액

• 순금융재산 2,000만 원 이하: 순금융재산가액

상속공제를 간단하게 정리해보면, 상속인 중에 자녀가 있다면 상속공제금액 금융재산상속공제 제외 은 일괄공제 5억 원입니다. 기초공제 2억 원과 기타인적공제를 합해서 5억 원을 넘지 않기에 일괄공제 5억 원을 받게 됩니다. 상속인 중에 배우자가 있어도 5억 원의 공제를 받을 수 있습니다. 배우자는 배우자상속공제를 받을 수 있는데, 실제 상속받은 재산을 법정상속 지분을 한도로 공제하는 규정입니다. 그 공제의 최소금액은 5억 원입니다.

일반적으로 양친 중 한 분이 돌아가시는 경우 상속인은 자녀와 배우자가 됩니다. 자녀가 있으니 일괄공제 5억 원, 배우자가 있으니 배우자공제 5억 원으로 총 10억 원은 상속세에서 공제받게 됩니다. 그래서 일반적으로 10억 원까지는 상속세를 내지 않는다는 표현을 하게 됩니다. 몇 년 후 남은 배우자가 사망하는 경우에는 상속인 중에 자녀만 있으므로 일괄공제 5억 원만 적용되어 상속재산이 5억 원을 넘어가면 상속세가 나오게 됩니다.

 세알못 그렇다면 다시 사례로 돌아와서 친형의 사망으로 모친이 내야 하는 상속세는 얼마일까요?

 택스코디 아파트 10억 원, 예금 1억 원으로 상속재산가액은 11

억 원입니다. 여기에서 일괄공제 5억 원과 금융재산공제 2,000만 원(1억 원 × 20%)을 공제받으면 5억 8,000만 원이 남게 됩니다. 상속세는 누진세율로 다음과 같이 계산됩니다.

$$1억 원 \times 10\% + 4억\ 8,000만 원 \times 20\% = 1억\ 600만 원$$

참고로 상속세 신고는 상속 개시일이 속하는 달의 말일로부터 6개월 안에 관할 세무서에 하면 됩니다. 상속세는 미리 준비하는 것이 왕도라는 말이 있습니다. 상속세는 사전증여를 한다면 그 시기, 규모, 상속재산의 분배, 상속세 납부액의 준비 등 사전에 준비된 시간이 길수록 세금을 줄일 수 있습니다.

상속세 신고가 늦어지면
일어나는 문제들은 뭘까?

 세알못 아버지께서 돌아가셔서 형제들과 재산분할을 논의하고 있습니다. 유언을 남기지 않으셔서 똑같이 나누면 될 거 같은데, 나누는 방법에서 의견이 갈립니다.

 택스코디 상속은 피상속인의 사망으로 개시됩니다. 민법상 형제 간 법정상속분은 같지만, 특정인이 더 받거나 덜 받는 내용으로 협의하는 것도 가능합니다. 민법상 상속재산분할은 상속이 개시된 때에 소급해 효력이 발생하므로 상속재산분할에 따라 법정상속분보다 더 받은 부분도 피상속인으로부터 직접 상속받은 것이 됩니다. 즉, 상속내용 자체가 변경되는 것이고, 많이 상속받은 상속인이 적게 상속받은 다른 상속인으로부터 별도로 증여를 받는 개념은 아닙니다.

 세알못 만약 상속세 신고가 늦어지거나 상속세 신고 후 분할 내용이 변경되면 어떤 문제가 생기나요?

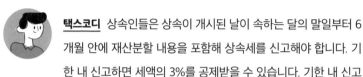 **택스코디** 상속인들은 상속이 개시된 날이 속하는 달의 말일부터 6개월 안에 재산분할 내용을 포함해 상속세를 신고해야 합니다. 기한 내 신고하면 세액의 3%를 공제받을 수 있습니다. 기한 내 신고하지 않으면 신고세액 공제를 받을 수 없으며 세액의 20%에 달하는 무신고가산세, 일할로 계속 계산되는 납부지연가산세를 추가로 부담하게 됩니다. 따라서 신고기한 내 재산분할 협의를 마치고 상속세를 신고·납부하는 것이 당연히 유리합니다.

또 상속재산을 분할해 상속분이 확정된 뒤 다시 분할해 당초 상속분과 달라지면 그 차이는 증여세 과세대상이 됩니다. 일단 부동산을 특정 상속인 명의로 등기한 뒤 매각해 대금을 나누는 등 다양한 사례에서 최초 협의에 따른 것인지 문제 되는 일이 많습니다. 일단 여러 부동산을 모두 상속인 공동소유로 등기했다가 부동산을 각각 보유하는 것으로 지분을 정리할 경우 재산이 교환된 것으로 간주해 양도소득세 과세대상이 될 수도 있습니다.

정리하면, 신고세액 공제를 받고, 무거운 가산세 부담을 피하려면 기한 내 상속세를 신고·납부할 필요가 있습니다. 재산분할 심판 청구소송으로 가더라도 상속세 신고기한이 연장되지 않습니다. 또 세법은 상속세 신고기한 내 분할하는 경우 증여세를 부과하지 않는다고 규정하므로 이 점에서도 신고기한 내 협의를 마치는 게 좋습니다. 신고기한이 지난 뒤 신고된 내용과 달리 분할하면 증여세 및 양도세 등이 부과될 수 있으므로 주의가 필요합니다.

CHAPTER 08

TAX

알면 덜 내는
부가가치세

부가가치세 안 내는
사업자도 있다

　　개인사업자는 부가가치세의 과세 여부에 따라 과세사업자와 면세사업자로 구분됩니다. 다만, 과세와 면세 둘 다를 취급하는 겸업사업자인 경우에는 사업자등록증이 과세사업자로 발급됩니다.

- 과세사업자: 부가가치세 과세대상 재화 또는 용역을 공급하는 사업자로서 부가가치세 납세의무가 있는 사업자

- 면세사업자: 부가가치세가 면제되는 재화 또는 용역을 공급하는 사업자로서 부가가치세 납세의무가 없는 사업자

　　면세는 말 그대로 세금을 면해준다는 이야기입니다. 대표적으로 번역을 한다거나 통역을 한다거나 쌀 같은 농작물을 판매하는

등 세법에서 정해놓은 면세 물건이나 서비스를 판매하는 경우에 면세사업자로 구분해 부가가치세를 부과하지 않습니다.

세알못 면세 품목은 어떤 게 있나요?

택스코디 부가가치세가 붙지 않는 면세물품과 서비스는 생각보다 다양합니다. 물품 중에는 가공하지 않은 농·수·축산물, 여성 생리대, 연탄, 도서, 신문·잡지 등이 있습니다. 서비스 중에서는 의료보건서비스나 의약품조제용역, 학원 교육서비스, 은행·보험의 금융서비스 등이 모두 부가가치세가 붙지 않습니다. 그래서 우리가 내는 병원 치료비나 학원비 영수증를 잘 살펴보면 부가가치세 항목이 없는 걸 확인할 수 있습니다.

다만 모든 병원 치료비가 면세로 적용되는 건 아닙니다. 병원에서 미용 목적으로 성형을 하는 건 과세가 되지만 치료 목적으로 성형을 할 때는 면세가 됩니다. 정말 국민에게 필요한 복리후생의 영역에서는 부가가치세 부담을 덜어주겠단 목적으로 면세사업자의 개념이 출발한 거라고 이해하면 됩니다. 이런 물품을 팔거나 용역을 제공하는 면세사업자는 소비자로부터 받는 부가가치세가 없으니 낼 부가가치세도 없습니다. 그래서 부가가치세 신고납부의 의무도 없는 거죠.

하지만 면세사업자도 자신이 소비자 입장으로 사업에 쓸 물품을 매입하거나 각종 비용을 지출할 때에는 부가가치세를 붙여서 계산해야 합니다. 면세사업자가 밥을 먹는다고 해서 식당 주인이 부가가치세를 빼고 계산하지는 않습니다.

　일반적인 사업자라면 소비자로부터 받은 부가가치세 매출세액 에서 자신이 지출한 부가가치세 매입세액 를 뺀 뒤 부가가치세를 신고하고 냅니다. 면세사업자는 소비자로부터 받은 것이 없으니 뺄 대상이 없습니다. 하지만 면세사업자는 부가가치세를 포함한 금액 전체를 비용 처리하는 특징이 있습니다.

　예를 들어, 일반 사업자는 110만 원에서 부가가치세 10만 원을 뺀 100만 원을 비용 처리한다면, 면세사업자는 110만 원 전체를 비용으로 처리하는 식이죠. 그래서 부가가치세 공제나 환급을 못 받는 면세사업자도 사업에 필요한 물건을 매입할 때에는 부가가치세가 포함된 세금계산서를 꼭 챙겨둬야 합니다. 나중에 비용으로 처리할 때 필요한 증빙이 되기 때문입니다. 면세사업자는 부가가치세 신고는 할 필요가 없지만, 꼭 해야 할 다른 신고의무가 있습니다. 바로 사업장 현황 신고입니다. 뭘 얼마나 팔아서 전체 매출이 얼마나 되는지 사업장의 현황을 신고하는 거죠.

　과세사업자는 부가가치세를 신고납부할 때, 전체 매출과 매입 금액이 자동으로 신고가 되고, 이것을 기초로 국세청이 소득세까지 검증할 수 있습니다. 면세사업자는 부가가치세 신고를 하지 않기 때문에 소득 규모를 확인할 근거가 없는 문제가 생깁니다. 그래서 면세사업도 매출의 규모와 내용을 신고하도록 한 것이 사업장현황신고죠. 사업장현황신고는 연간 매출 수입금액 에 대해 다음 해 2월 10일까지 사업장 관할 세무서에 신고하면 됩니다. 사업장

현황신고를 하지 않으면 매출의 0.5%를 소득세로 가산하는 불이익이 주어집니다.

부가가치세를 적게 내는 간이사업자도 있다

개인 과세사업자는 사업의 규모에 따라 일반과세자와 간이과세자로 구분합니다.

일반과세자

연간 매출액 둘 이상의 사업장이 있는 사업자는 그 둘 이상 사업장의 매출 합계액, 부가가치세 포함 이 8,000만 원 부동산임대업 및 과세 유흥장소는 4,800만 원 이상으로 예상되거나 간이과세가 배제되는 업종 또는 지역에서 사업을 하고자 하는 경우 일반과세자로 등록해야 합니다. 일반과세자는 10%의 세율이 적용되는 반면, 사업과 관련된 물건 등을 매입하면서 받은 매입세금계산서상의 부가가치세액을 전액 공제받을 수 있고, 세금계산서를 발행할 수 있습니다.

간이과세자

주로 소비자를 상대하는 업종으로 연간매출액이 8,000만 원 부동산임대업 및 과세유흥장소는 4,800만 원에 미달할 것으로 예상하는 소규모 사업자의 경우에는 간이과세자로 등록할 수 있습니다. 간이과세자는 업종별로 1.5%~4%의 낮은 세율이 적용되지만, 매입세액의 매입액 공급대가의 0.5%만을 공제받을 수 있으며, 직전연도 공급대가가 4,800만 원 미만인 간이과세자는 세금계산서를 발급할 수 없으나, 직전연도 공급대가가 4,800만 원 이상인 간이과세자는 세금계산서를 발급할 수 있습니다.

세알못 - 음식점을 한번 해보기로 했습니다. 사업을 하려면 사업자등록을 해야 한다고 해서 세무서에 갔더니, 담당공무원이 일반과세자와 간이과세자 중 어느 유형으로 등록할 것인가를 물어봅니다.

택스코디 - 부가가치세가 과세되는 사업을 할 때는 일반과세자와 간이과세자 중 어느 하나로 사업자등록을 해야 하는데, 일반과세자와 간이과세자는 세금의 계산방법 및 세금계산서 발급 가능 여부 등에 차이를 두고 있으므로, 자기 사업에는 어느 유형이 적합한지를 살펴본 후 사업자등록을 해야 합니다.

참고로 식당은 최종소비자를 상대하므로 간이과세로 시작하는 것이 대부분 유리합니다. 여기서 주의할 점은 간이과세자는 부가가치세 환급이 되지 않아 일반과세자에 비해 무조건 유리하지는 않다는 점입니다. 부가가치세 환급이 되지 않는다는 의미는 초기 시설비가 큰 사업 예시 : 대형 음식점업, 헬스장 등 의 경우 처음 사업을 시작할 때 간이과세자로 등록 신규사업자는 일반과세자, 간이과세자 선택 가능 한다면 부가가치세 환급을 받을 수 없으므로 일반과세에 비해 불리한 경우가 생길 수 있습니다. 그러므로 첫 사업자 유형을 결정할 때 사업자 유형에 따른 유·불리를 잘 따져보아야 합니다.

일반과세자 또는 간이과세자로 등록했다고 해서 그 유형이 변하지 않고 계속 적용되는 것은 아니며, 사업자등록을 한 해의 부가가치세 신고실적을 1년으로 환산한 금액을 기준으로 과세유형을 다시 판정합니다. 즉, 간이과세자로 등록했다 하더라도 1년으로 환산한 공급대가 매출액, 둘 이상의 사업장이 있는 사업자는 그 둘 이상의 사업장의 공급대가 합계액 가 8천만 원 이상이면 그 이상이 되는 해의 다음 해 7월 1일부터 일반과세자로 전환되고, 4,800만 원 이상 ~ 8,000만 원 미만이면 세금계산서 발급 가능한 간이과세자로 전환되며, 4,800만 원 미만이면 영수증만 발급 가능한 간이과세자로 남게 됩니다. 처음 일반과세자로 등록해도 1년으로 환산한 직전연도 공급대가가 8천만 원에 미달하고, 간이과세 배제요건에 해당하지 않는 경우 간이과세자로 전환되는데, 이때 '간이과세포기신고'를 하면 계속해서 일반과세자로 남아 있을 수 있습니다.

부가가치세를 줄이는 방법을 알아보자

 세알못 부가세 폭탄을 맞았습니다. 부가세를 줄이는 방법은 없나요?

 택스코디 부가가치세는 사업자에게 있어 뗄 수 없는 세금이지만 부가가치세를 왜 내야 하는지 잘 모르는 경우가 많습니다. 우선 부가가치세란 뭘까요. 이는 물건이나 용역에 대한 소비의 부가가치(이윤)에 부과되는 세금으로 대표적인 간접세 (세금의 납세자와 부담자가 다른 세목)에 속합니다. 부가가치세의 납부자는 사업자가 아닌 소비자입니다. 원칙적으로 사업자는 본인의 제품에 10%의 부가가치를 소비자로부터 징수해 신고기간에 대신 내는 것이죠.

예를 들면, 10만 원의 물건을 팔았을 때 11만 원의 금액을 징수하여 1만 원을 사업장에 보관하고 추후 부가가치세 신고기간 때 해당 부가가치를 내야 합니다. (실제로는 소비자에게 부가가치세 징수가 쉽지 않아 10만 원의 물건을 팔고 9,090원을 내는 경우가 일반적입니다.)

부가가치세의 납세의무자는 사업자입니다. 사업자란 '영리,

비영리와 관계없이 물건 및 용역을 계속해 공급하는 자'를 뜻합니다. 따라서 일회성 개인 거래인 중고거래 등은 공급자가 사업자가 아니므로 부가가치세 납세의무가 발생하지 않습니다.

부가가치세는 매출세액에서 매입세액을 차감한 나머지를 내는 개념입니다. 따라서 매입세액이 커지면 커질수록 내야 할 부가가치세는 낮아지고 작아지면 부가가치세는 커집니다. 부가가치세가 공제된다는 의미는 매입세액의 항목에 추가된다는 겁니다. 부가가치세의 경우 사업상 필요로 발생한 부가가치세는 공제받을 수 있습니다. 하지만 사업에 사용했다 하더라도 접대비나 면세사업자또는 간이과세자에게 매입한 비용 등은 공제받을 수 없습니다.

– 매입세액 공제 요건 –

① 사업과 관련된 매입

② 과세자산을 매입 후 사업에 사용

③ 적격증빙 세금계산서, 신용카드 매출전표, 현금영수증 등 을 수취할 것

④ 세금계산서 합계표 등을 제출

부가가치세의 매입세액은 법인세나 소득세법에서 이야기하는 비용 손금, 필요경비 과 유사하나 각 법에서 정의한 비용의 범위가 다릅니다. 예를 들어, 법인세나 소득세에서는 영업용 승용차의 경우 연간 1,500만 원 범위에서 비용을 인정하는 제도가 있지만,

부가가치세법에서는 승용차 관련 매입세액을 인정해주지 않습니다.

홈택스에 사업용 신용카드를 등록한 사업자라면 홈택스에서 부가가치세 신고를 할 때 자동으로 공제, 불공제가 반영되게 됩니다. 하지만, 해당 항목은 자동으로 분류되는 만큼 정확하게 반영되어 있지 않습니다. 같은 항목임에도 어떤 항목은 공제, 어떤 항목은 불공제로 나타나게 됩니다. 이런 사항들은 신고자가 내역을 확인한 후 스스로 바꿔야 합니다. 특히, 쿠팡이나 11번가 등 유통 플랫폼에서 구매한 상품들은 정확하게 나누어져 있지 않은 경우가 많습니다. 이런 부분을 신고할 때 특히 주의해야 합니다.

매출이 없어도 신고를 해야
하는 이유는 무엇인가?

신규로 창업 후 소득은 고사하고 매출조차 없는 경우라고 하더라도 부가가치세 확정신고를 진행해야 합니다.

세알못 매출이 없으면 낼 부가세가 없는데도 신고를 해야 하는 이유는 무엇인가요?

택스코디 낼 세금이 없다고 해서 부가가치세 신고를 하지 않으면 국세청에서 '폐업자'로 간주할 가능성이 있습니다.

해당 사업자 번호를 통해 보고되는 실적이 전혀 없으니 폐업된 것으로 보고 담당 세무 공무원이 직권으로 폐업 처리할 수 있습니다. 이 절차를 '직권폐업'이라고 부르는데, 직권폐업되면 사업자등록도 자동으로 말소 처리가 됩니다.

문제는 단순히 사업자등록만 말소가 되는 게 아니라 사업자

등록이 되어 있어야 이용할 수 있는 금융상품이나 혜택들을 받지 못하게 될 수 있다는 것입니다. 대표적으로 사업자가 자금 융통을 위해 받는 '개인사업자 관련 담보대출'인데 해당 대출은 사업자등록이 유지되어야만 받을 수 있는 대출입니다. 그러므로 개인사업자 대출을 이용하고 있는 동안 직권폐업으로 인해 사업자등록이 말소되어버리면 이용 중인 사업자 대출 상품을 회수당할 수 있습니다.

이외에도 무실적 신고를 하지 않으면 차후 매출이 발생해서 세금계산서를 발급하려 하거나 특정 세무처리를 할 때 자신도 모르는 사이에 이미 폐업처리가 되어 사업자등록이 말소돼 아무것도 할 수 없는 난처한 상황이 발생할 수 있습니다.

그러므로 매출이 없는 무실적 상황이라고 할지라도 사업자는 사업을 계속 유지하고 있음을 증명하기 위해 국세청에 무실적 신고를 통해 폐업 상태가 아니라는 '생존신고'를 하는 일이 필요합니다.

 세알못 무실적 신고는 언제, 어떻게 하는 건가요?

 택스코디 무실적 신고는 7월과 1월 부가가치세 확정신고 기간에 하면 됩니다. 국세청 홈택스에서 자신의 사업자 번호를 조회한 후 '무실적 신고' 버튼을 누르면 간편하게 신고할 수 있습니다.

홈택스 홈페이지뿐만 아니라 모바일 손택스 앱에서도 부가가치세 간편 신고에 들어가 무실적 신고를 진행할 수도 있으며, 보이는 ARS 서비스를 통해 1544-9944로 전화 후 사업자번호와 주민등록번호를 입력해 간단히 신고할 수도 있습니다.

무실적 신고대상은 매출과 매입이 둘 다 없는 사업자인데, 간혹 매입은 있고 매출만 없는 사업자가 자신이 무실적이라고 생각해 부가가치세 신고를 아예 하지 않는 경우가 있습니다.

또 신고하면 세금을 내게 될까 봐 지레 겁을 먹고 신고를 하지 않는 사업자들이 많은데 매출이 없어도 임차료 등으로 수취한 매입세금계산서가 있는 사업자라면 부가가치세 환급을 받을 수 있으므로 신고를 진행하는 것이 좋습니다.

CHAPTER 09

TAX

종합소득세 절세 비법

못 받은 세금, 어떻게 돌려받나?

 세알못 미혼인 프리랜서(학원 강사)입니다. 지난해 1천만 원 정도 소득이 발생했는데, 저도 세금을 돌려받을 수 있나요?

 택스코디 기본적으로 납세자들은 정산 과정을 통해 내야 할 세금보다 더 많이 냈으면 돌려받고 덜 냈으면 추가로 내는 방식으로 세금을 냅니다. 직장인은 연말정산을 통해, 자영업자나 프리랜서들은 종합소득세 신고를 통해 더 내거나 토해내는 절차를 거칩니다.

직장인의 경우 직장에서 연말정산을 진행하면서 자연스럽게 환급과 추가 납부 절차를 거치지만 프리랜서의 경우는 그렇지 못합니다. 직접 환급 여부를 확인하고 세금 신고 절차를 거쳐야 환급을 받을 수 있습니다.

이렇게 환급 여부를 확인하고 직접 신고해야 하는 방식은 '환급 사각지대'를 만들었습니다. 신고 절차가 복잡해 세무대리인의 도움을 받아 환급을 받자니 돌려받을 환급액과 비교해 수수료가 너무 비싸 환급 자체를 포기하는 때가 있고, 심지어는 아예 환급

대상이라는 사실을 몰라 환급 신청을 하지 못하는 사람도 있습니다.

다만 프리랜서라고 해서 모두가 다 돌려받을 수 있는 건 아닙니다. 수입금액이 높은 프리랜서는 복식부기로 장부를 작성해 제출해야 하므로 세알못 씨처럼 단순경비율을 적용받는 간편장부 대상자들이 환급 주요 대상이 됩니다.

연 1,000만 원의 소득을 올렸을 때, 약 60% 정도의 단순경비율을 적용받을 수 있습니다. 여기에 본인 인적공제 150만 원을 제한 금액인 150만 원에 최저 소득세율 6%를 넣어 계산해 보면 내야 하는 세금은 15만 원 정도가 나옵니다. 소득의 3.3%인 33만 원을 원천징수로 이미 냈으므로 18만 원 정도 환급금을 돌려받을 수 있습니다.

이 정도의 환급액은 적지 않은 금액이지만 세무대리인을 쓰기엔 부담스럽고, 그렇다고 신고를 하지 않기엔 아까운 금액입니다. 프리랜서뿐만 아니라 지난 5년간 3.3% 원천징수 후 받았던 소득이 있는 사람이라면 환급 대상에 속할 확률이 있으므로 꼭 따져 봐야 합니다.

이른바 '3.3% 소득자'인 프리랜서는 연 수입금액이 7,500만 원 이상이면 복식부기 장부를 작성해야 합니다. 하지만 매출 규모가 작으면 간편장부를 써도 됩니다. 이런 절차마저 귀찮다면 아예 장부 작성 없이 추계신고하는 방법도 있습니다. 프리랜서의 종합소득세 추계신고 시 경비율 적용 기준금액과 경비율은 다음 표와 같습니다.

프리랜서 추계신고 시 경비율 적용

연매출	2,500만 원 미만	2,500만 원 이상
경비처리	단순경비율로 경비 공제 후 세금신고	기준경비율로 경비 공제 후 세금신고

프리랜서 추계신고 시 경비율

구분	단순경비율	기준경비율
작가	58.7%	16.7%
가수	42.3%	14.4%
배우	39.0%	12.1%
학원 강사	61.7%	17.5%
보험설계사	77.6%	29.5%
퀵서비스 배달원	78.8%	25.3%

종소세는 뭐고, 누가 내고, 어떻게 계산되는 건가?

　다양한 행사들이 가득한 5월이지만 사장님들에겐 마냥 기쁜 달이 아닙니다. 종합소득세 신고와 납부를 진행해야 하는 달이기 때문입니다. '세무사에게 맡기고 있으니 걱정 없다!'라는 사장님들도 이 글은 한 번 쭉 읽어보면 좋겠습니다. 아무리 세금 신고를 세무사에게 맡기고 있다고 하더라도 내가 내는 세금에 대한 기본적인 지식은 알아두어야 여러 상황을 대비할 수 있기 때문입니다.

세알못 종소세는 누가 내는 거죠?

택스코디 아래와 같이 종합소득이 있는 모든 사람이 신고 대상자입니다.

- 사업소득_{부동산임대업 소득 포함} 이 발생하는 경우

- 두 군데 이상에서 근로소득이 발생했으나 합산해 연말정산하지 않은 경우
- 기타소득금액이 300만 원이 넘는 경우
- 연금소득이 1,200만 원을 초과하는 경우
- 금융소득 _{이자 + 배당소득} 이 연간 2,000만 원을 넘은 경우
- 양도가 여러 건이 넘고 합산 신고하지 않은 경우
- N잡러, 사업소득과 근로소득이 함께 있는 경우

세알못 종소세 계산은 어떻게 하나요?

택스코디 계산을 앞두고 이해를 위해 알아둬야 할 용어 몇 가지가 있습니다.

- **과세표준**: 세액 계산의 표준이 되는 금액
- **세율**: 과세표준에 대해서 납부해야 할 세액의 비율
- **과세기간**: 과세표준을 산정하는 기간

첫 번째로 과세표준은 어떤 세금이든지 세액 계산을 할 때 그 기준이 되는 금액을 뜻합니다. 두 번째는 세율입니다. 종합소득세의 경우 최소 6%에서 최고 45%의 세율을 부담해야 합니다. 종합소득세는 소득이 높으면 높을수록 세금을 더 많이 부담하는 누진 세율을 적용하는 세금이죠.

마지막, 과세기간은 과세표준을 산정하기 위한 기간입니다. 종합소득세는 해를 기준으로 합니다. 예를 들어, 2021년 1월 1일 부터 2021년 12월 31일의 과세기간 동안 벌어들인 종합소득은 다음 해인 2022년 5월 31일까지 신고 및 납부하면 되는 거죠.

먼저 과세표준을 구해야 합니다. 종합소득에 해당하는 소득들을 모두 합하면 종합소득금액이 나옵니다. 대표적으로 사업소득의 경우 사업소득, 전체 매출액에서 필요경비를 차감하면 구할 수 있죠. 이 금액에 혹시 작년에 손해 봤던 사업소득 즉, 이월결손금이 있다면 차감해 주면 됩니다. 이 과정을 마치면 종합소득금액이 나오게 됩니다. 여기에 내게 해당하는 소득공제들을 적용해 빼주면 세율을 매기는 기준이 되는 종합소득과세표준을 구할 수 있죠.

이렇게 나온 종합소득과세표준에 나에게 해당하는 세율을 적용하고 나면 산출세액이 나옵니다. 산출세액에 또 한 번 내가 적용받을 수 있는 세액공제 혹은 세액감면 혜택을 적용해 빼주면 결정세액을 산출할 수 있게 됩니다. 여기에 미리 낸 기납부세액이 있다면 빼고, 혹시 내야 할 가산세가 있다면 더해주면 최종 납부 혹은 환급세액을 구해볼 수 있게 됩니다.

또 납부가 어려운 분들을 위해 국세청에서는 모두채움서비스를 제공하기도 합니다. 모두채움 서비스는 국세청에서 소득세 신고서의 모든 항목을 미리 작성해 내야 할 세액을 제공하는 서비스입니다. 2021년에는 단순경비율 사업소득자, 분리과세 주택임대소득자에게 서비스를 제공한 데 이어서 2022년에는 두 군데 이상 근무한 복수근로소득자나 근로소득과 사업소득이 둘 다 있는 N잡러에게도 모두채움서비스를 확대해 제공했습니다.

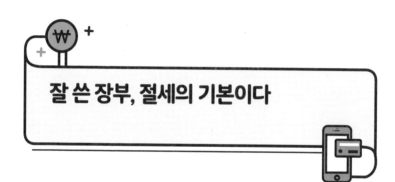

잘 쓴 장부, 절세의 기본이다

사업자는 사업하면서 돈이 들고 나는 것을 기록하는 장부를 써야 합니다. 장부에 기록된 내용을 근거로 소득금액을 계산해서 세금을 내야 하기 때문입니다. 사업자가 장부를 기록하는 것을 기장 記帳 이라고 합니다. 기록된 장부 자체를 기장이라고 부르기도 합니다.

 세알못 장부 작성의 기준이 정해져 있나요?

 택스코디 장부의 작성은 '복식부기'라는 방식으로 하도록 법으로 정해놓고 있습니다. 자산과 부채, 자본, 그리고 비용과 수익 등의 흐름을 총합계가 같도록 일치시켜서 정리하는 복잡한 방식이어서 전문적인 회계지식까지 필요합니다.

그래서 대부분 사업자는 아까운 수수료를 주고서라도 세무대리인의 힘을 빌립니다. 흔히 기장료가 얼마라고 말하는 것은 세무사가 대신 기장 하는 대가로 받는 수수료를 말합니다.

복잡하고 어려운 회계지식이 필요한 일이다 보니 영세사업자에게는 복식부기로 장부를 쓰기가 쉽지 않습니다. 또 장부를 써달라고 세무대리인에게 줄 수수료조차 부담일 수 있습니다. 그래서 국세청은 소규모 사업자들에게 '예외적'으로 간편하게 장부를 써서 신고할 수 있도록 새로운 양식을 하나 만들어 제공하고 있습니다. 바로 '간편장부'입니다.

간편장부는 복식부기와 달리 매입과 매출거래를 거래처와 일정별로 정리만 하면 됩니다. 양식은 간단하지만 모든 거래를 기록하게 돼 있어서 세금 계산을 위한 장부로서의 신뢰는 보장되는 장점이 있습니다. 물론 복식부기 장부만큼 사업자의 재무현황을 잘 반영하지는 못합니다.

간편장부 대상은 업종별로 그 범위가 다릅니다. 전년도 매출^{수입}금액 기준으로 농·임·어·광업, 도소매업 등은 3억 원 미만, 제조업, 숙박·음식업, 금융보험업, 상품중개업 등은 1억 5,000만 원 미만, 부동산임대업, 서비스업 등은 7,500만 원 미만인 경우에만 간편장부로 장부를 쓰고 신고할 수 있습니다.

반대로 업종별로 이런 매출 기준을 넘는 사업자는 반드시 복식부기로 기장을 해야 합니다. '복식부기의무자'라고 구분합니다. 변호사, 법무사, 세무사, 의사 등 전문직종처럼 매출 구분 없이 무조건 복식부기의무자로 구분되는 사업자도 있습니다. 간편장부

개인사업자의 업종에 따른 수입금액으로의 장부 작성 기준

업종	간편장부대상자	복식부기의무자
농업,임업,어업,광업,도매 및 소매업, 부동산매매업 (제122조 제1항) 등	3억 원 미만자	3억 원 이상자
제조업,숙박업,음식점업,전기/가스/증기 및 수도 사업, 하수/폐기물처리 및 환경복원업,건설업 운수업,출판/영상/방송통신 및 정보서비스업, 금융및 보험업,상품중개업 등	1억 5천만 원 미만자	1억 5천만 원 이상자
부동산임대업,부동산관련 서비스업,임대업,전문 과학 및 기술 서비스업,교육 서비스업,보건업 및 사회복지서비스업, 개인 서비스업 등	7천 5백만 원 미만자	7천 5백만 원 이상자

* 단, 의사/변호사 등 전문직 사업자는 무조건 복식부기의무자 입니다.

는 '대상'이라고 하고 복식부기는 '의무'로 표현하는 것은 간편장부 대상도 복식부기를 원하면 복식부기로 기장이 가능하다는 뜻입니다. 반대로 복식부기 의무자는 간편장부로 신고해서는 안된다는 뜻도 담고 있습니다.

간편하게 간편장부로 써도 되는데 군이 복식부기로 꼼꼼하게 장부를 써서 신고하는 경우에는 내야 할 소득세의 20%를 100만 원까지 기장세액공제로 깎아주는 혜택을 받을 수 있습니다.

하지만 복식부기의무가 있는 사업자인데 간편장부로 기장 해 신고한 경우에는 기장도 하지 않고, 신고도 하지 않은 것으로 봅니다. 따라서 무신고가산세와 무기장가산세까지 물어야 합니다.

청년이 창업하면 소득세가 감면된다

코로나19 팬데믹으로 인해 고용시장이 더 많이 얼어붙었죠. 이로 인해 취업보다 창업을 생각하는 청년들이 늘었습니다. 청년 창업자에게 도움이 될 만한 정보에 대해 살펴볼까요.

세알못 세법에서 말하는 '청년'은 만 34세 이하라면서요? 창업할 때 세금혜택이 좀 있습니까?

택스코디 34세 이하의 청년이 창업하면 최대 5년간 소득세나 법인세를 감면받을 수 있습니다.

창업중소기업에 등에 대한 세금감면 제도 덕분입니다. 청년이 수도권 내에서 창업했다면 5년간 소득세 또는 법인세의 50%를 감면받을 수 있고, 지방에서 창업했다면 100% 감면받을 수 있습니다. 또한, 청년이 아니어도 지방에서 창업하는 경우, 5년간 세액의 50%를 감면받을 수 있습니다.

세알못 창업하는 청년에게는 아주 유용한 세제 혜택인데요. 업종 상관없이 창업하기만 하면 해당 세제 혜택을 받을 수 있다는 건 가요?

 택스코디 아닙니다. 해당 감면을 적용받을 수 있는 창업중소기업 은 법에서 음식점업, 정보통신업 등 18개 종류의 업종을 나열하 고 있어서 해당하는 업종인지 확인해 봐야 합니다.

또 폐업 후 다시 사업을 개시한 경우이거나 개인사업을 법인으로 전환하는 경 우 등은 창업으로 보지 않는다는 점도 유의해야 합니다.

 세알못 그런데 창업을 하고 바로 이익이 나지 않는 경우가 많지 않습니까? 이익이 없다면 세금도 없을 텐데, 그럼 감면제도가 큰 의미가 없을 것 같은데요?

 택스코디 해당 감면은 사업에서 최초로 소득이 발생한 해부터 5 년간 적용하도록 합니다. 다만, 창업 후 5년이 되는 날이 속하는 해까지 소득이 발생하지 않을 때는 창업 후 5년이 되는 날이 속 하는 연도부터 5년까지를 감면 적용 기간으로 하고 있습니다.

참고로 창업 초기에 손실이 발생하는 것은 이월결손금 공제라는 것을 통해 혜 택을 볼 수가 있습니다.

 세알못 이월결손금 공제라는 건 어떤 건가요?

 택스코디 '이월결손금 공제'란 장부에 손실을 기록하고 이후 이 익이 발생할 때 최대 15년 전까지의 손실을 차감하여 세금을 줄 일 수 있는 제도입니다. 세법개정으로 2020년 1월 1일 이후 개시하는 사업연도의 결손금부터는 15년간 이월결손금 공제가 가능합니다.

특히, 창업 초기에는 매출은 적고 지출만 많아서 손실을 보는 경우가 많습니다. 장부를 작성하면 이익이 발생할 때 과거 손실을 활용하여 세금을 줄일 수 있습니다.

CHAPTER 10

TAX

개인사업자 VS 법인사업자

개인사업자로 할까, 법인사업자로 할까?

세알못 막상 사업을 시작하려고 하니 고민이 많습니다. 그중 가장 기본적인 문제가 사업형태를 개인으로 할 것인가 법인으로 할 것 인가입니다. 이 둘의 차이점은 무엇인가요?

택스코디 사업자 유형은 사업형태에 따라 개인사업자와 법인사 업자로 나뉠 수 있습니다.

- 개인사업자: 회사를 설립하는 데 상법상 별도의 절차가 필 요하지 않아 그 설립 절차가 간편하고 휴·폐업이 비교적 간단하며 부가가치세와 소득세 납세의무가 있는 사업자

- 법인사업자: 법인 설립등기를 함으로써 법인격을 취득한 법인뿐만 아니라 국세기본법의 규정에 따라 법인으로 보는 법인격 없는 단체 등도 포함되며 부가가치세와 법인세 등 납세의무가 있는 사업자

구분	개인사업자	법인사업자
납부세금	소득세	법인세
세율구조	6~45%(8단계)	9~24%(종전10~25%)
납세지	사업자 주소지	본점·주사무소 소재지
기장의무	복식부기(원칙) / 간편장부	복식부기
외부감사제도	없음	직전 자산총액 120억 원 이상 법인 등

개인과 법인의 차이점은 다음과 같습니다.

창업절차와 설립비용

개인기업으로 사업을 할 때는 설립 절차가 비교적 쉽고 비용이 적게 들어 사업 규모나 자본이 적은 사업을 하기에 적합하지만, 법인기업은 법원에 설립등기를 해야 하는 등 절차가 다소 까다롭고 자본금과 등록면허세·채권매입비용 등의 설립비용이 필요합니다.

자금의 조달과 이익의 분배

개인기업은 창업자 한 사람의 자본과 노동력으로 만들어진 기업이므로 자본조달에 한계가 있어 대규모 자금이 소요되는 사업에는 무리가 있습니다. 그러나 사업자금이나 사업에서 발생한 이익을 사용하는 데는 제약을 받지 않습니다. 예를 들어, 사업자금을 사업주 개인의 부동산 투자에 사용하든 자신의 사업에 재투자하든, 혹은 영업에서 발생한 이익을 생활비로 쓰든 전혀 간섭을 받지 않습니다.

그러나 법인기업은 주주를 통해서 자금을 조달하므로 대자본 형성이 가능하나, 법인은 주주와 별개로 독자적인 경제주체이므로 일단 자본금으로 들어간 돈과 기업경영에서 발생한 이익은 적법한 절차를 통해 인출이 가능합니다. 즉, 주주총회에서 배당결의를 한 후 배당이라는 절차를 통해 인출이 가능하고, 주주가 법인의 돈을 가져다 쓰려면 적정한 이자를 낸 후 빌려야 합니다.

사업의 책임과 신뢰도

개인기업은 경영상 발생하는 모든 문제와 부채, 그리고 손실로 인한 위험을 전적으로 사업주 혼자서 책임을 져야 합니다. 따라서 만약 사업에 실패해서 은행 부채와 세금 등을 다 해결하지 못하고 다른 기업체에 취직해서 월급을 받는 경우, 그 월급에 대해서도 압류를 당할 수 있습니다.

그러나 법인기업의 경우 주주는 출자 자본 한도 내에서만 책임을 지므로 기업이 도산할 경우 피해를 최소화할 수 있습니다. 또 대외신인도 면에서, 개인기업의 신인도는 사업자 개인의 신용과 재력에 따라 평가받으므로 법인기업보다는 현실적으로 낮다고 보아야 합니다.

세법상 차이

세율 - 개인기업의 종합소득세 세율은 6%에서 45%까지 8단계의 초과누진세율 구조로 되어 있고, 법인기업의 각 사업연도 소득에 대한 법인세율은 9%에서 24%의 4단계 초과누진세율 구조로 되어 있습니다. 그러므로 세율 측면만 본다면, 과세표준이 2,160만 원 이하인 경우는 개인기업이 유리하고 2,160만 원을 초과하는 경우는 법인기업이 유리합니다.

과세체계

개인기업의 소득에 대해서는 종합소득세를 부과합니다. 사업주 본인에 대한 급여는 비용으로 인정되지 않으며, 사업용 유형자산 및 무형자산이나 유가증권 처분이익에 대해 과세를 하지 않습니다. 법인기업의 소득에 대해서는 법인세를 부과합니다. 법인 대표이사는 법인과는 별개의 고용인이므로 대표이사에 대한 급여는 법인의 비용으로 처리할 수 있습니다. 그러나 유형자산 및 무형자산이나 유가증권 처분이익에 대해서도 법인세를 부과합니다.

매출이 커지면 무조건 법인으로 전환해야 할까?

 세알못 소득세 세율보다 법인세율이 낮아, 매출이 커지면 법인으로 전환하는 게 유리하다고 합니다. 과연 그런가요?

 택스코디 2020년에 방영된 드라마 <이태원 클라쓰>에서 포차 '단밤'을 운영하는 박새로이에게 고등학교 동창이자 펀드매니저인 이호진은 개인사업자로 포차 사업을 계속 운영할 경우 세금폭탄을 맞는다고 조언합니다. 이에 박새로이는 '이태원 클라쓰'의 영어 앞글자를 따서 주식회사 'I.C'를 설립해 법인사업자로 전환한 뒤 사업가로서 성장해간다는 내용입니다.

드라마와 같이 실제로도 개인사업자와 법인사업자의 세금 계산방식은 다릅니다.

개인사업자는 매출에서 필요경비를 제외한 소득을 기준으로 6~45%의 소득세를 내야 합니다. 한 해 동안 얻은 소득이 1,400만 원 이하인 경우는 6%, 1,400만 원 초과~5,000만 원 이하는 15%, 5, 000만 원 초과~8,800만 원 이하는 24% 8,800만 원 초과~1억 5,000만 원 이하는 35%, 1억5,000만 원 초과~3억 원 이하는 38%, 3억 원 초과 5억 원 이하는 40%, 5억 원 초과는 42%, 10억 원 초과는 45% 등 소득이 높을수록 그에 따른 소득세율도 높아지는 구조입니다.

반면 법인사업자의 법인세율은 소득이 2억 원 이하이면 세율이 9%에 불과하며 2억 원 초과~200억 원 이하일 때 19%, 200억 원 초과~3,000억 원 이하는 21%, 3,000억 원 초과는 24% 등으로 정해져 있습니다.

그렇다면 〈이태원 클라쓰〉의 박새로이가 운영하는 포차 '단밤'은 어떨까요. 현실적으로 포차 1곳을 운영할 경우 매출에서 필요 경비를 모두 제외한 소득이 한 해 수억 원을 넘기기란 힘듭니다. 소득이 2억 원 이하로 났다면 박새로이는 주식회사 'I.C'의 법인세로 소득의 9%만 내면 됩니다.

단순히 세율만 비교해보면 〈이태원 클라쓰〉의 박새로이처럼 개인사업자보다는 법인사업자로 전환해 운영하는 것이 '세금폭탄'을 피하는 길이라고 생각하기 쉽습니다. 그러나 막상 회사에서 받는 급여까지 다 놓고 따져보면 법인사업자가 그다지 유리하지도 않습니다.

법인사업자의 경우 법인세와는 별개로 대표자나 직원들이 급여의 6~45%를 근로소득세로 내야 합니다. 그러므로 결과적으로는 개인사업자 대신 법인사업자를 운영하는 것이 유리하다고 말하기 어렵습니다.

이를테면 I.C의 사장인 박새로이가 법인세를 낸 뒤 1년 동안 1억 5,000만 원 초과 ~ 3억 원 이하의 높은 급여를 받으려면 어차피 35%의 근로소득세를 또 내야 한다는 설명입니다. 이 때문에 한 해 동안 거둬들이는 소득이 수십억 원에 달할 정도로 사업체의 규모가 크지 않다면 통상 개인사업자 형태를 유지하는 것이 좋습니다.

참고로 한 해 소득이 20억 원 ~ 30억 원이 넘는 사업체들이 대개 법인으로 전환하는 추세이며, 이 경우 법인의 대표자가 본인의 급여를 높게 가져가지 않는 대신 법인카드를 만들어 합법적인 업무 용도로 사용해 비용을 조율하기도 합니다.

법인사업자, 이것이 궁금하다

세알못 법인사업자등록을 하려면 뭐부터 해야 하나요?

택스코디 개인사업자는 사업자등록을 바로 할 수 있지만, 법인사업자는 세무서에서 사업자등록을 하기 전에 법인등기부 등본부터 만들어야 합니다. 세무사를 만나기 전 법무사를 만나 법인의 정관이나 주주명부 등을 먼저 작성하고 등기부터 만들어야 합니다. 이렇게 서류가 작성되면 해당 서류를 들고 세무서에 가 법인사업자 등록을 진행할 수 있습니다.

세알못 법인을 폐업하려고 하는데 어떻게 해야 하나요?

택스코디 앞서 법인은 등기를 통해 만들 수 있었던 것처럼 폐업도 법인등기부 등본을 말소해야 비로소 폐업이라고 할 수 있습니다. 개인사업자의 경우에는 폐업 시에 사업자등록증이 함께 말소되지만, 법인사업자는 법인등기부 등본을 말소해야 가능하다는 점 알아두어야 합니다.

세알못 법인세는 대표가 내는 건가요?

 택스코디 법인세는 최고 경영자인 대표가 내는 게 아니라 회사라는 '사람'이 내는 겁니다. 법적인 사람으로 인정되는 회사가 내는 개념인 거죠. 다만 법인의 주주 중에 지분을 50% 초과해 가지고 있는 주주는 법인이 세금을 체납했을 때 책임을 지게 됩니다.

 세알못 개인사업자에서 1인 법인으로 넘어가려고 하는데요.

 택스코디 법인전환을 하는 경우 개인사업자를 폐업해야 합니다. 개인사업자 폐업일까지는 개인의 소득세로 신고를 하고, 법인 설립 이후에는 법인세로 별도 신고하면 됩니다. 따라서 처음으로 법인전환 한 해에는 해당 해에 대한 소득세 신고와 법인세 신고를 모두 해야 합니다.

 세알못 법인 설립 후 개인적으로 자금 사용이 가능한가요?

 택스코디 법인사업하고 관계없이 자금을 사용하는 경우 가지급금으로 처리가 됩니다. 자본금은 오롯이 법인의 사업을 위해 사용되어야 하죠. 이렇게 빼 쓴 돈은 다시 법인 통장에 넣어야 합니다. 그리고 이렇게 쓴 돈을 다시 법인 통장에 넣을 때는 이자도 함께 계산해서 넣어야 하죠. 단, 대표가 근로자로서 급여 및 상여로 받는 것은 가능합니다.

 세알못 법인 통장이 아니라 개인 통장에서 돈을 썼는데 어떻게 하죠?

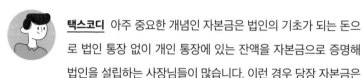

택스코디 아주 중요한 개념인 자본금은 법인의 기초가 되는 돈으로 법인 통장 없이 개인 통장에 있는 잔액을 자본금으로 증명해 법인을 설립하는 사장님들이 많습니다. 이런 경우 당장 자본금은 개인 통장에 있지만, 법인을 설립하고 나서는 법인 통장을 개설에 그 자본금을 이체해놓아야 합니다. 법인 통장과 개인 통장을 혼용해 사용하다가 잔액이 맞지 않게 되면 그 차액이 가지급금이나 미수금으로 남아 회사 재무제표에 불이익을 주게 되죠. 따라서 법인 통장과 개인 통장을 꼭 분리해 사용하고 잔액을 맞게 유지하는 것이 좋습니다.

법인전환, 시기가 중요하다

여러 이유로 많은 개인사업자가 법인전환을 고민합니다. 아무래도 법인이 개인보다 대외신인도가 높아서 금융기관으로부터 사업자금융통을 받기 쉽고 세제 지원 등 정책적 지원을 받기에도 유리하기 때문입니다. 하지만 사업자마다 처한 환경이 달라서 법인전환을 하는 것이 좋은지, 한다면 언제 해야 할지에 대한 고민을 해결하기는 쉽지 않습니다. 종합적으로 검토해봐야 알 수 있지만, 대체로는 법인전환을 하면 세무적으로 유리하다 말할 수 있습니다. 개인사업자가 법인으로 전환하는 경우 세무적인 장점들이 있습니다.

우선 법인 법인세 이 개인 소득세 보다 세율이 낮아 소득에 대한 세금을 줄일 수 있습니다. 법인대표의 경우 급여, 배당금, 퇴직금의 적절한 설계로 절세가 가능할 수 있습니다. 또 법인대표의 지분은 자녀와 배우자에게 미리 지분 분배 등을 통해 상속증여가 유리할 수 있습니다. 세무조사의 측면에서도 비슷한 매출이라면 법인이 개인보다 더 세무조사 대상으로 선정될 확률이 낮아집니다. 다만, 부가가치세 측면에서는 개인의 경우 업종에 따라서 신용카드 매출액에 대한 세액공제를 적용받을 수 있지만, 법인은 제외 대상이 될 수도 있어서 세부담이 늘어날 수가 있습니다.

세알못 규모가 적은 사업장입니다. 법인전환이 나은가요?

택스코디 꼭 법인전환을 해야 할 이유가 없다면, 매출이나 이익이 적은 개인사업자는 법인전환이 필요 없을 수도 있습니다. 특히 자금을 운용하는 측면에서는 개인이 법인보다 유리할 수 있습니다. 실무에서도 법인자금을 사용해 가지급금이 쌓이고 통장관리도 안 되는 분들이 이익마저 적어서 세율로 인한 절세혜택까지 없다면 굳이 법인전환이 필요 없지 않을까요.

거기다가 업종 특성상 리베이트가 많이 지출되는 업종이 있는데 이런 경우라면 자금 인출이 어려운 법인보다는 개인이 낫다고 봅니다. 그래서 실무상 법인과 개인 둘 다 운영하는 상황도 적지 않습니다.

세알못 법인전환은 어떻게 하나요?

택스코디 개인사업자의 법인전환 방법은 여러 가지가 있습니다. 사업포괄 양수도방식, 사업부분 양수도방식은 비교적 간단한 법인전환 방법이고 현물출자 방식, 세감면 포괄양수도 방식은 비교적 복잡한 방법입니다. 물론 이외에도 아주 간단하게 개인사업자를 폐업하고 법인을 새로 설립하는 방법도 있습니다.

세알못 법인전환 방식이 다양하군요. 어떤 기준으로 선택하면 좋은가요?

 택스코디 어떤 법인전환방법을 선택할지는 개인사업자가 사업용 부동산을 보유하고 있는지, 또 내야 할 자본금에 대한 유동성이 있는지 등에 따라 달라집니다

사업용 부동산을 보유하고 있으면서 부동산을 포괄승계 하는 상황에는 내야 할 자본금의 유동성에 따라 세감면 포괄양수도, 현물출자 방식을 선택할 수 있습니다. 이 방법은 비교적 복잡한 방법이지만 조세 지원을 받을 수 있다는 장점도 있습니다.

조세특례를 적용하는 경우에는 세감면 요건을 명확하게 적용해 추후 문제 소지가 없게 하는 것이 중요합니다. 법인전환 방법별로 부가가치세 면제, 양도소득세 이월과세, 취득세 감면 등의 혜택이 있는 경우에는 법인전환 후 세감면 요건을 위배한 것이 발견된 경우 추징될 수 있다는 점을 기억해야 합니다.

또 법인전환 후 사후관리에 주의해야 합니다. 취득일부터 5년 이내에 정당한 사유 없이 해당 사업을 폐업하거나 해당 재산을 처분 또는 주식을 처분하는 경우 등의 경우에는 경감받은 취득세를 추징하고 개인이 이월과세액을 양도소득세로 내야 하는 상황이 될 수 있습니다.

세알못 그렇다면 법인전환 시기는 언제가 좋은가요?

택스코디 사업연도 말보다는 연도 중에 전환하는 게 유리합니다. 만약 고소득자가 개인사업자로 6개월은 소득세, 법인으로 6개월 법인세를 부담했다고 한다면, 둘을 합한 것이 개인사업자로 1년 치 소득세를 부담한 것보다 적습니다.

또 사업이 성장하는 단계라면 성실신고확인대상이 되기 전에 법인으로 전환하는 게 유리합니다. 성실신고확인대상이 되면 좀 더 까다롭게 신고해야 하고, 이에 따라 높은 소득세를 부담해야 할 수 있습니다, 또한 과세관청의 집중관리도 받게 됩니다. 만약, 시기를 놓쳐 개인 성실신고확인대상이 된 후에 법인으로 전환하게 되면 법인전환 후에도 3년간 성실신고확인서를 제출해야 하기 때문입니다.

또 하나는 법인전환일과 부가가치세 신고기준일이 일치하는 시기에 법인전환을 하는 방법입니다. 실무적으로 신고가 편리해지는 방법입니다. 법인전환으로 개인사업자를 폐업하면 개인사업자는 폐업 후 부가가치세 확정신고를 해야 하므로 이 시기를 일치시키면 부가가치세 신고를 한 번만 하면 되기 때문입니다.

2023년 법인세는 어떻게 바뀌나?

세무사가 아니더라도 기업을 운영하는 사람이라면 매년 공부해야 하는 과목이 하나 있습니다. 바로 '세금'이라는 과목입니다. 법인세를 비롯해 매년 세법은 조금씩 바뀌기 때문에, 세세하게는 아니더라도 대강이나마 알아둘 필요가 있습니다.

세알못 그럼 2023년 법인세는 어떻게 바뀌나요?

택스코디 가장 눈에 띄는 변화는 법인세 세율이 인하됩니다. 법인세율이 과세표준 구간별로 1%포인트 인하됩니다. 이에 따라 과표 3,000억 원 초과 기업이 부담하는 법인세 최고세율은 현재 25%에서 24%로 내려갑니다.

과세표준	종전 세율	개정 세율
2억 원 이하	10%	9%

2억 원 초과~200억 원 이하	20%	19%
200억 원 초과~3,000억 원 이하	22%	21%
3,000억 원 초과	25%	24%

또 이번 세제 개편 때 대폭 손본 것 중 하나가 '가업상속공제' 제도입니다. 가업상속공제란 10년 이상 운영한 가업을 상속하는 경우 최대 500억 원 한도로 과세가액을 공제해주는 제도입니다.

지금까지 가업상속공제를 활용할 수 있는 기업은 중소기업 및 매출액 4,000억 미만의 중견기업뿐이었습니다. 하지만 매출액 범위는 최대 5,000억 원까지 늘어날 예정이며, 공제 한도 또한 500억 원 한도에서 600억 원까지 늘어날 예정입니다.

이외 가업 승계 시 상속세 납부유예 제도가 신설되고, 세금을 나눠 낼 수 있는 연부연납 기간도 20년으로 개편될 예정입니다.

CHAPTER 11

13월의 보너스, 연말정산

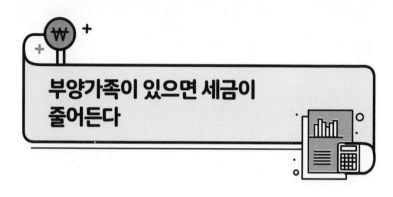

부양가족이 있으면 세금이 줄어든다

직장인의 부양가족을 '기본공제대상자'라고 합니다. 기본공제 대상자인 가족에 대해서는 1인당 연 150만 원의 소득공제가 적용됩니다. 배우자를 판단할 때 사실혼 관계에 있는 사람은 배우자로 보지 않습니다. 그러므로 반드시 혼인신고가 되어 있는 배우자만 공제대상자가 될 수 있습니다.

'직계존속'이란 조상으로부터 직선으로 계속하여 자기에 이르기까지 혈족으로서 부모·조부모·증조부모·고조부모 등과 같이 본인이 태어나도록 한 친족을 말합니다. 직계존속만이 공제대상이며 직계존속에서 옆으로 뻗어 나간 '방계'라고 합니다. 친족인 '부친의 누님'을 모시는 경우 이는 공제대상이 아닙니다.

 세알못 장인, 장모님은요?

택스코디 부부는 동일인으로 본다고 생각하면 판단하기 쉽죠. 따라서 장인, 장모님은 남자의 입장에서 본인의 부모님과 동일하게 공제대상으로 할 수 있습니다. 배우자를 본인과 동일인이라고 가정한다면 본인의 형제자매와 마찬가지로 배우자의 형제자매인 처남, 처제(시누이. 시동생)도 공제대상이 될 수 있습니다.

'직계비속'은 직계존속과 반대되는 개념으로 자기로부터 직선으로 내려가서 후손에 이르는 사이의 혈족으로서 아들, 딸, 손자, 손녀, 증손, 현손 등을 말하며 이들도 공제대상이 될 수 있습니다. 만약 어떤 근로자의 형제 부부가 갑자기 사고로 사망해 그 조카를 데려다가 키운다고 가정해 봅시다. 이런 경우 조카는 직계가족이 아니므로 공제대상자가 될 수 없습니다.

요즘은 워낙 이혼이 많다 보니 계부나 계모 및 의붓자녀를 주변에서 쉽게 접할 수 있습니다. 입양 같은 절차를 통해 새로운 가족이 만들어지기도 합니다. 2004년부터는 이들도 공제대상이 되었습니다. 그래서 앞 사례의 조카도 입양하면 입양자가 되므로 공제를 받을 수 있습니다.

참고로 위탁 아동이란 1년 중 6개월 이상 직접 양육한 위탁 아동을 말합니다. 만약 2022년부터 위탁받아 양육한 아동이 있는데 2022년 하반기에 양육이 시작되는 바람에 2022년 12월 31일 현재는 양육 기간이 3개월뿐이었다면 2022년 소득에 대한 연말정산 시에는 위탁 아동을 소득공제 대상으로 포함하지 못합니다. 이런 경우 2023년 위탁 아동에 대한 양육 기간을 계산할 때 2022년 양육 기간인 3개월을 포함해 계산할 수 있습니다.

기본공제대상자를 다시 살펴보면 본인과 배우자는 기본적으로 공제가 되고 본인의 부모는 물론 배우자의 부모도 기본공제대상자가 될 수 있습니다. 그리고 본인의 형제자매와 함께 배우자의 형제자매 처제, 처남, 시숙 등 도 생계를 같이한다면 공제대상자가 됩니다. 하지만 형제자매의 배우자 형수, 제수, 형부, 올케 등 은 공제대상 밖이라는 점을 주의해야 합니다.

기본공제대상자 조건,
생계를 같이 해야 한다?

 세알못 기본공제를 적용받으려면, 꼭 같이 살아야 하나요?

 택스코디 기본공제대상자가 되기 위해서는 근로자와 생계를 같이 해야 합니다. 여기서 배우자는 생계를 같이 해야 한다는 요건이 없습니다. 원칙적으로 배우자 이외의 부양가족은 생계를 같이 해야 공제대상이 됩니다. 하지만 여기에는 몇 가지 예외가 있습니다.

세법은 자녀가 부모와 함께 살지 않아도 만 20세가 되지 않았다면 부모가 최소한 경제적인 부분을 책임지는 게 당연하다고 봅니다. 따라서 직계비속이나 입양자가 기본공제 대상자가 되는지를 판단할 때 부모인 근로자 본인과 동거해야 한다는 조건을 요구하지 않습니다.

직계존속의 경우에는 원칙적으로 생계를 같이 해야 공제대상으로 인정합니다. 하지만 주거 형편상 따로 살고 있어도 공제를 인정하고 있습니다. 그러므로 직계존속도 생계를 같이 해야 한다는 요건은 사실상 요구되지 않습니다. 부모님이 고령이 되어 자녀의 직접적인 보살핌이 필요하게 되기 전까지는 부모님과 동거하지 않는 경우가 상당히 많은데 그런 상황에도 공제대상자로 포함하는 데 아무런 문제가 없습니다.

세알못 해외에 거주하는 부모님은요?

택스코디 부모가 해외에 거주하는 경우에는 기본공제대상자로
인정하지 않습니다. 해외에 거주하는 부모는 자녀가 부양하고 있
다고 인정할 수 없다는 취지이고, 결국 생계를 달리해도 사실상
부양하고 있어야 공제대상자로 보고 있음을 알 수 있습니다.

세알못 서울에 거주하는 직장인입니다. 늦둥이 동생이 고등학생
인데, 강원도에 있는 민족사관고등학교에 진학하는 바람에 떨어
져 살게 되었습니다. 부양가족 공제가 가능한가요?

택스코디 형제자매의 경우에는 공제대상 부양가족이 되기 위해
서는 반드시 생계를 같이 해야 합니다. 하지만 이 경우에도 형제
자매가 취학·질병의 요양·근무상 또는 사업상의 형편 등으로 인해 일시적으로
다른 곳으로 이사한 상태임을 증명하면 부양가족으로 인정받을 수 있습니다.

이 질문의 경우는 예외로 인정하는 취학의 사유가 됩니다. 비
록 동거하지는 않지만 어쩔 수 없는 사정으로 인해 일시적으로
따로 사는 것으로 보아 공제대상자로 봐주는 것입니다.

정리하면 공제대상자 중 배우자, 직계비속, 직계존속은 사실상
생계를 같이하는 여부와 상관없이 나이, 소득요건만 만족하면 공
제대상이 될 수 있고, 형제자매는 위의 예외사항을 제외하고는 나

이, 소득요건과 함께 꼭 생계를 같이해야 공제대상자가 될 수 있
습니다.

기본공제대상자 조건,
12월 31일이 중요하다

어떤 가족이 기본공제대상이 맞는지를 판단할 때는 1년 내내 조건을 충족하는지 따져 봐야 하는 것은 아니고, 매년 12월 31일 현재 조건을 충족하는지만 확인하면 됩니다. 따라서 별거하는 형제라면 주민등록을 이전해 12월 31일 현재 동거가족 상태가 되면 원칙적으로 공제대상이 될 수 있습니다.

세알못 부부가 이혼한 경우는요?

택스코디 만약 12월 30일에 이혼했다면 1년 중 364일은 부부 상태였고, 단 1일만 남남 이게 됩니다. 왠지 그해에는 공제를 해줘야 하지 않나 하는 생각이 들 수 있습니다. 하지만 연도 중에 이혼한 경우에는 이혼한 배우자를 공제대상자로 포함할 수 없습니다. 그 이유는 12월 31일 현재 본인의 배우자가 아니기 때문입니다.

세알못 그렇다면 사망한 부모님도 공제가 안 되는 건가요?

 택스코디 예외적으로 과세기간 안에 사망한 경우, 장애가 치유된 경우에는 사망일 전날, 장애 치유일 전날의 상황에 따라 공제대상 여부를 판단합니다.

다시 말해 부모님이 올해 돌아가셨다면 12월 31일 현재는 본인의 가족이 아닙니다. 하지만 돌아가시기 전날 상황에 따라 판단한다고 했으므로 그 해까지는 공제대상자가 될 수 있는 것입니다. 그리고 장애를 겪고 있다가 어느 해에 기적적으로 치료가 된 경우에도 그해 12월 31일 현재로는 장애가 치유된 상태이므로 장애인이 아닙니다. 하지만 장애 치유 역시 치유 전날의 상황에 따라 판단하므로 장애가 치유된 그해까지 장애인으로 보아 공제대상자로 인정합니다.

참고로 소득세는 소득이 발생한 해의 다음 해 5월에 신고와 납부를 합니다. 그러므로 사업을 하는 사람들은 매년 1월 1일부터 12월 31일까지의 기간 동안 사업을 하면서 발생한 실적들을 기록해 본인이 1년간 얼마나 벌었는지를 다음 해 5월 중에 신고하고, 세금을 내야 합니다.

직장인들도 소득세를 내야 하는 개인이므로 원래는 1년간의 연봉에 대한 세금을 다음 해 5월 중에 스스로 신고하고 내야 합니다. 그런데 우리나라 근로소득자 수가 1,700만 명 정도라고 합니다. 이렇게 수많은 직장인이 모두 5월에 세무서로 몰려간다면 세무서는 업무가 마비될 것입니다. 그리고 수많은 직장인에게 세금 신고라는 부담을 주어야 합니다. 이런 여러 가지 불편을 없애기 위해 소득세법은 직장인들에게는 일반적인 사업자들처럼 스스로 세무서에 가서 세금 신고를 하라고 하지 않습니다. 그 대신 직장인에게 소득을 지급하는 회사가 해당 임직원의 세금 신고 업무를 대신 처리하도록 하고 있습니다.

 세알못 그럼 회사가 임직원들을 대신해 다음 해 5월에 세무서로 세금신고서를 제출하는 건가요?

 택스코디 그렇게 되면 세무서 공무원들이 5월에 수많은 세금신고서를 처리해야 하는데, 그럼 직장인들이 직접 신고하는 경우와 다를 바가 없습니다. 그래서 직장인들에 대한 세금 신고는 5월까지 기다리지 말고, 다음 해 초에 정리하라고 합니다. 바로 '연말정산'입니다. 연말까지 월급을 다 받고 난 후에 세금 정산을 한다는 의미입니다.

맞벌이 부부의 연말정산은 이렇게 하자

세알못 연말정산을 앞둔 맞벌이 부부입니다. 어떻게 하면 더 많이 세액을 공제받을 수 있을까요?

택스코디 맞벌이 부부라면 올해를 넘기기 전 공제액을 늘려볼 수 있습니다. 연말정산을 앞두고 적게는 몇 만 원에서 많게는 몇 십만 원까지 조금이라도 더 절세하는 방법은 무엇이 있는지 살펴보겠습니다.

맞벌이 부부 모두 총급여 500만 원 혹은 소득금액이 100만 원을 초과하는 근로자라면 각각 연말정산을 실행해야 합니다. 먼저, 기본공제의 경우 배우자끼리는 공제받을 수 없습니다. 그 외의 부양가족 기본공제는 부부 중 기본공제를 받는 1명만 공제받을 수 있습니다. 추가공제와 자녀 세액공제 또한 기본공제를 받는 대상자가 부양가족 추가공제를 적용받을 수 있습니다. 남편이 기본공제 대상자인 경우, 부양가족 기본공제, 추가공제, 자녀 세액공제 모두 남편만 해당하게 되는 겁니다.

또 부부의 과세표준이 비슷하거나 한계세율 근처에 있는 애매한 상황에서는 인적공제를 적절히 나누는 것이 절세에 도움이 될 수 있습니다. 총급여가 많아 높은 세율을 적용받는 사람이 소득공제를 받는 게 좋으므로 인적공제를 몰아주는 게 좋습니다. 부양자녀 1명은 연 15만 원, 2명은 30만 원, 3명은 60만 원에 해당하는 세액공제를 받을 수 있기 때문입니다.

신용카드 등 소득공제도 같습니다. 일반적으로 소득공제는 소득이 높은 배우자에게 몰아주는 게 유리합니다. 세금을 매길 때 총급여에서 소득공제액을 제외한 후 과세표준을 산출하게 되고, 이 과세표준에 세율을 곱해 세금을 결정하는데 이때 누진세율이 적용돼 일반적으로 과세 표준이 높을수록 세율은 급격히 더 높아집니다. 그러므로 과세표준을 최대한 낮출 수 있도록 소득이 높은 배우자에게 소득공제를 몰아주는 것이 유리합니다.

연봉이 높은 배우자의 카드로 몰아 써서 25%가 넘도록 해 적은 금액이라도 공제를 받을 수 있도록 하는 게 좋습니다. 부양가족의 신용카드 사용액은 기본공제를 받는 대상자가 공제받습니다. 즉, 남편의 기본공제를 받은 자녀의 신용카드 사용액은 아내가 공제받을 수 없고 남편이 공제받을 수 있습니다.

의료비 세액공제도 신용카드 등 소득공제처럼 총급여의 일정분을 사용해야 공제를 받을 수 있는 혜택입니다. 부양가족의 의료비는 기본공제를 받는 쪽에서 공제받을 수 있습니다. 의료비 세액공제의 경우 총급여의 3%를 사용해야 공제를 받을 수 있습니다. 예를 들어 총급여가 5,000만 원인 근로자라면 1년간 총급여의 3%인 150만 원이 넘는 의료비를 지출해야 공제대상이 될 수 있습니다. 연봉의 3% 초과분부터 16.5%^{지방소득세 포함}의 세액공제를 받을 수 있어 연봉이 낮을수록 공제받는 금액이 높아질 수 있습니다.

따라서 소득이 적은 배우자에게 부양가족의 의료비를 몰아주면 공제 한도를 달성하기 더 쉽습니다. 총급여가 높은 사람이 총급여의 3%를 의료비로 쓰긴 어려우므로 소득이 적은 배우자에게 몰아주는 게 공제를 받기 더 유리한 거죠. 이때 안경^{50만 원 한도}, 보청기 등의 금액도 의료비 공제에 해당하니 미리 증빙자료를 챙겨두는 게 도움이 됩니다.

세알못 보험료 세액공제는 어떨까요?

택스코디 본인이 계약자이고 피보험자가 배우자이면 서로 기본공제 대상자가 아니므로 두 사람 모두 공제가 불가능합니다. 부양가족의 보험료는 본인이 기본공제 받는 자녀의 보험료를 배우자가 지급하면 기본공제 대상자가 보험료를 지급한 것이 아니므로 부부 모두 공제가 불가능합니다. 따라서 기본공제를 받는 대상자가 자녀의 보험료를 지급해야만 세액을 공제받게 됩니다.

교육비, 기부금 세액공제도 마찬가지입니다. 배우자를 위해 지출한 교육비 공

제는 불가능합니다. 기부금도 같습니다. 본인이 기부한 지출액을 배우자가 공
제받을 수는 없습니다.

기본공제를 받는 대상자가 부양가족을 위해 지출한 교육비만 공제받을 수 있
고, 부양가족이 지출한 기부금 또한 기본공제 대상자만이 공제받을 수 있습
니다.

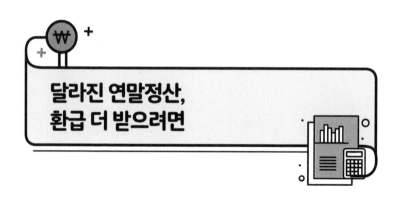

달라진 연말정산,
환급 더 받으려면

 세알못 연말정산 새롭게 바뀌는 건 무엇인가요?

 택스코디 특히 2022년에는 연 소득 7,000만 원 이하 무주택 세
대주가 부담하는 월세나 주택임차차입금 원리금 상환액에 대한
공제 혜택이 높아지는 등 달라지는 부분이 있어 꼼꼼하게 확인해야 합니다. 연
말정산 결과에 따라 내년 2월 급여에서 환급금을 받을지, 세금을 더 낼지 결정
되기 때문입니다.

　연말정산 시 특별히 신경 써서 봐야 할 것은 소득공제와 세액
공제입니다. 소득공제는 내가 1년간 받은 총급여액 연봉-비과세 급여
에서 차감돼 과세표준 과표 을 줄여 줍니다. 소득공제액이 높아질
수록 과표가 줄어 더 낮은 세율을 적용받을 수 있습니다. 세액공
제는 산출된 세액에서 공제액만큼을 깎아줍니다.

2023년부터 6% 세율이 적용되는 소득세 과표 1,200만 원 이하 구간이 1,400만 원 이하로, 15% 세율이 적용되는 1,200만~4,600 만 원 이하 구간은 1,400만~5,000만 원 이하로 각각 200만 원, 400만 원씩 올라갑니다. 이 경우 과표 1,200만~1,400만 원 구간에 속한 근로자의 세율이 15%에서 6%로 내려가는 등 전체 소득세 부담이 낮아집니다. 근로자 식대에 대한 소득세 비과세 한도도 월 10만 원에서 20만 원으로 확대됩니다.

2022년 세제개편안이 국회를 통과해 2023년 무주택 세대주가 부담하는 월세액에 대한 세액공제율이 총급여액 기준 5,500만 원 이하는 12%에서 17%로 총급여액 5,500만 원 초과 7,000만 원 이하는 10%에서 15%로 상향 조정됩니다. 전세 대출받은 금액의 원리금 상한액 공제 한도도 300만 원에서 400만 원으로 오릅니다.

또 올해 신용카드 사용금액을 작년보다 5% 이상 늘렸을 경우 증가분의 20%를 소득공제로 돌려받게 됩니다.

대중교통 소득공제 항목도 확인해야 합니다. 정부는 국제유가 상승에 따른 부담을 줄이기 위해 2022년 7월부터 연말까지 신용카드나 체크카드로 지출한 대중교통비 소득공제율을 80%로 상향 조정했습니다. 2022년 말까지로 예정된 대중교통 신용카드 소득공제율 80%는 2023년 상반기까지 연장됩니다.

현금으로 냈더라도 증빙만 가능하면 공제받을 수 있습니다. 참고로 대중교통 공제 한도는 최대 100만 원이며 택시와 비행기는 대중교통 수단에서 제외됩니다.

영화관람료도 소득공제를 받을 수 있습니다. 현재는 도서구입비, 공연관람료, 박물관·미술관 입장료에 대해 30%의 소득공제를 적용하고 있습니다. 여기세 영화관람료에도 30%의 소득공제 혜택을 받을 수 있습니다. 다만, 시행시기를 눈여겨봐야 합니다. 2023년 7월 1일 이후 사용하는 영화관람료부터 소득공제가 적용된다는 점을 꼭 유의해야 합니다.

그리고 수능 응시료와 대학 입학 전형료를 교육비 세액공제 대상에 포함해 지출액의 15%를 세금에서 빼줍니다. 2023년 1월 1일 이후 지출하는 분부터 적용되기 때문에 2022년 수시 입학 전형료나 수능 응시료는 아쉽게도 혜택이 없으며, 2023년 초 정시 입학 전형료를 낼 때 공제대상에 포함될 수 있습니다.

또 개인·퇴직연금의 노후소득 보장 강화를 위해 세액공제 대상 납입 한도도 확대됩니다. 총급여액 5,500만 원 종합소득금액 4,500만 원 기준 연금저축 세액공제 납입 한도가 기존 400만 원에서 600만 원으로 오릅니다. 퇴직연금까지 더한 세액공제 납입 한도는 700만 원에서 900만 원으로 늘어납니다. 예를 들어, 총급여 4,500만 원인 직장인이 연금저축 상품으로 공제받을 수 있는 세액이 60만 원 400만 원의 15% 에서 90만 원 600만 원의 15% 으로 늘어나는 셈입니다.

이밖에도 일몰 기한이 연장된 공제항목을 살펴봅시다. 주택청약종합저축의 경우 소득공제 기한을 2025년 12월 말까지로 3년 더 연장했습니다.

무주택 세대주면서 총급여액이 7,000만 원 이하인 근로자가 주택청약종합저축에 납입한 금액을 연간 240만 원 한도에서 40% 소득공제 하는 내용으로 납입 금액에 비해 혜택이 큰 편입니다.

월 20만 원씩 연간 240만 원을 불입했다면 40%인 96만 원이

제목	현행	개정	적용시기
소득세 과세 표준구간 조정	1,200만 원 이하 6%, 1,400만 원~4,600만 원 이하 15%	1,400만 원 이하 6%, 1,400만 원~5,000만 원 이하 15%	2023년 1월부터
근로소득 세액공제 한도축소	총급여 7,000만 원 초과 66만 원~50만 원	총급여 1억 2천만 원 초과 50만 원~20만 원	2023년 1월부터
식대 비과세 한도 확대	월 10만 원 이하	월 20만 원 이하	2023년 1월부터
월세 세액공제율 상향	월세액의 10% 또는 12%	월세액의 15% 또는 17%	2023년 1월부터
주택임차입금 소득공제한도 상향	공제한도 300만 원	공제한도 400만 원	2023년 1월부터
교육비 세액공제 확대	수업료, 교재비, 입학금 등	대학입학전형료, 수능응시료 추가	2023년 1월부터
영화관람료 소득공제 신설	도서공연 등 30% 소득공제	영화관람료 소득공제 추가	2023년 7월부터

공제대상입니다. 특히 세액공제가 아니라 소득공제이므로 과세 구간으로 4,800만 원이 넘으면서 총급여가 7,000만 원 이하라면 24% 세율 구간에 해당해 약 23만 원을 환급받을 수 있습니다.

합법적으로 세금을 아끼는
절세의 기술

초판 1쇄 인쇄 2023년 2월 10일
초판 1쇄 발행 2023년 2월 20일

지은이 최용규(택스코디)

펴낸이 박세현
펴낸곳 팬덤북스

기획 편집 김상희 곽병완
디자인 김민주
마케팅 전창열
SNS 홍보 신현아

주소 (우)14557 경기도 부천시 조마루로 385번길 92 부천테크노밸리유1센터 1110호

전화 070-8821-4312 | **팩스** 02-6008-4318
이메일 fandombooks@naver.com
블로그 http://blog.naver.com/fandombooks

출판등록 2009년 7월 9일(제386-251002009000081호)

ISBN 979-11-6169-235-7 03320